艺术创造学

余秋雨

长江出版传媒
长江文艺出版社

余秋雨

一九四六年八月生，浙江人。早在“文革”灾难时期，针对当时以戏剧为起点的文化极端主义专制，勇敢地建立了《世界戏剧学》的宏大构架。灾难方过，及时出版，至今三十余年仍是这一领域唯一的权威教材，获“全国优秀教材一等奖”。同时，又以文化人类学的高度完成了全新的《中国戏剧史》，以接受美学的高度完成了国内首部《观众心理学》，并创建了自成体系的《艺术创造学》，皆获海内外学术界的高度评价。

二十世纪八十年代中期，被推举为当时中国内地最年轻的高校校长，并出任上海市中文专业教授评审组组长，兼艺术专业教授评审组组长。曾获“国家级突出贡献专家”、“上海十大高教精英”、“中国最值得尊敬的文化人物”等荣誉称号。

二十多年前毅然辞去一切行政职务和高位任命，孤身一人寻访中华文明被埋没的重要遗址。所写作品，既大力推动了文物保护，又开创了“文化大散文”的一代文体，模仿者众多。

二十世纪末，冒着生命危险贴地穿越数万公里考察了巴比伦文明、埃及文明、克里特文明、希伯来文明、阿拉伯文明、印度文明、波斯文明等一系列最重要的文化遗迹。作为迄今全球唯一完成全部现场抵达的人文学者，一路上对当代世界文明作出了全新思考和紧迫提醒，在海内外引起广泛关注。

他所写的书籍，长期位居全球华文书排行榜前列。仅在台湾一地，就囊括了白金作家奖、桂冠文学家奖、读书人最佳书奖、金石堂最有影响力书奖等一系列重大奖项。

近十年来，他凭借着考察和研究的宏大资源，投入对中国文脉、中国美学、中国人格的系统著述。联合国教科文组织、北京大学、《中华英才》杂志等机构一再为他颁奖，表彰他“把深入研究、亲临考察、有效传播三方面合于一体”，是“文采、学问、哲思、演讲皆臻高位的当代巨匠”。

自二〇〇二年起，赴美国哈佛大学、耶鲁大学、哥伦比亚大学、纽约大学、华盛顿国会图书馆、联合国中国书会讲授“中华宏观文化史”、“世界坐标下的中国文化”等课题，每次都掀起极大反响。二〇〇八年，上海市教育委员会颁授成立“余秋雨大师工作室”。现任中国艺术研究院“秋雨书院”院长、香港凤凰卫视首席文化顾问、澳门科技大学人文艺术学院院长。（陈羽）

《艺术创造工程》上海文艺出版社1987年3月第一版

《艺术创造论》上海教育出版社2005年7月第一版

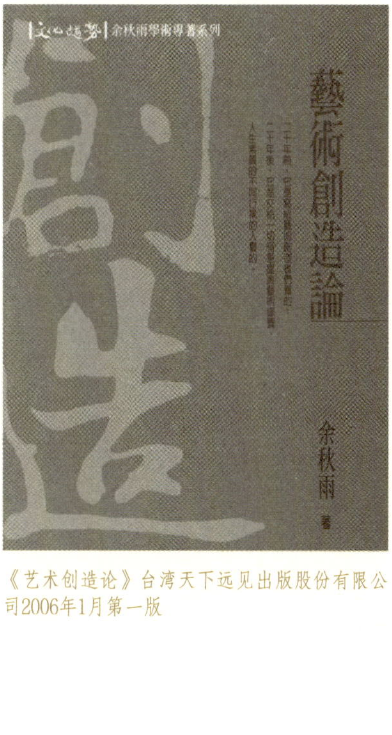

《艺术创造论》台湾天下远见出版股份有限公司2006年1月第一版

目　录

引论

伟大作品的隐秘结构

中外多数美学理论和文艺理论，都在研究常规。虽然它们也会频频举出一些伟大作品的例子，但也只是借用它们的名声来说明常规。

常规，对于科学、医学、法学、社会学来说都非常重要，但对艺术创造来说，这是平庸的另一种说法。

请大家回忆一下我们所记得的那些文艺理论条文，有哪几条不是对平庸的说明？你看——

“文艺是生活的反映，又是心灵的反映”；

“文艺是情感的产物”；

“艺术典型应该超越真实形象”；

“艺术典型大多具有性格特征”；

“美追求平衡，但有时也可以打破平衡”；

“美追求完整，但有时也可以打破完整”；

“动静结合才是美”；

“虚实结合才是美”；

……

这些话都没有错，但讲了等于没讲，因为一切失败的作品也都符合这些教条。

遗憾的是，这些空话和废话，是我们文艺教学的主流内容。

现代派文艺一旦被概括成理论，也产生了差不多的毛病。那些理论话语初听起来很新鲜，但通过几十年的空洞重复，也就变成了一种表层概念。结果，摹拟多而创造少，即便有创造，也已无涉伟大。

我坚信伟大是有秘密的。对艺术来说，伟大作品的成功秘密，除了人格原因外，也不排除方法上的原因。我花费七年时间仔细钻研了世界上十四个国家在美学、艺术学上的主要著作，并进而研究古今伟大作品，尤其是近一百年来的现当代伟大作品。终于发现，**这些作品背后潜藏着两大隐秘结构**，并由此建立了我自己的艺术创造论。

我有关伟大作品隐秘结构的理论，建立于1985年。当时我正为海内外多所大学讲授《艺术创造工程》，这个理论也就渗透其间。讲课教材出版后在文化学术界曾引起不小的轰动，台湾也立即出版了，而且由几家文化层级最高的出版社一版再版，尽管当时海峡两岸还没有开始文化交流。教材的题目后来改成《艺术创造论》。

对于课程之外的读者来说，教材总是显得有点沉重。因此，有必要把那两大隐秘结构用最浅显、简略的方式从书中勾勒出来，作为“核心论述”，便于大家快速了解一个大概。

我要讲述的两大隐秘结构为——

一、无结论的两难结构；

二、半透明的双层结构。

下分述之。

一　无结论的两难结构

人们普遍认为，正确的主题思想加上合适的艺术形式，就有可能成为一个好作品。这种说法勉强也能成立，只不过，那是指常规的好作品，而不是指真正的杰作，更不是指伟大的作品。

伟大的艺术作品，没有清晰的主题思想，也没有简明的结论。现在我们似乎说得出几句它们的主题思想和结论，那是后人强加给它们的。后人为了讲解它们、分析它们、以它们谋生，就找了几条普通人都能理解的拐杖，其实那些拐杖都不属于伟大作品本身。例如，人们常常会说《离骚》的主题思想是“怀才不遇的爱国主义”，说《红楼梦》的主题思想是“歌颂封建家庭叛逆者的爱情”，其实都是不对的。

在西方艺术中，荷马史诗，希腊悲剧，莎士比亚几部最好的悲剧，米凯朗基罗、达·芬奇、罗丹、凡·高、毕加索的绘画和雕塑，贝多芬、巴赫、莫扎特的音乐，也都不存在明确的主题和结论。讲得越清楚，就离它们越远。

这并不是说，杰出的艺术家在没有把事情想清楚之前就可以胡乱投入创作。更不是说，人们可以容忍艺术作品最后呈现出一团混乱和迷糊。恰恰相反，伟大作品不清晰、不简明的意涵，正是艺术家想得最多却怎么也想不出答案的所在。世上想不出答案的问题很多，但其中却有那么几个，一想就会搅动身心，卷入巨大的人生疑问，而且可以肯定，古人也曾经这么疑问，后人也必然会继续这么疑问。伟大的艺术家只要发现这样的地方，就会倾注自己最大的精力开始创作。创作的起点是两难或几难并存，此耶？彼耶？是耶？非耶？十分为难；创作的结果也是两难或几难并存，此耶？彼耶？是耶？非耶？继续为难。

在很多年以前，我曾经在《艺术创造论》的课程中选用一些实例来阐释两难结构，效果很好。史上一切最重要的艺术理论都必须通过实例来阐释，这连高深的黑格尔都不能例外，而且事实证明，他在这方面做得很吃力，所举实例有一半比较勉强。在他之前，莱辛用一座雕塑“拉奥孔”来阐述美学课题，似乎做得更经典。我对自己阐释两难结构的实例是满意的，容易让学生从本质上理解艰深学理，因此在这篇引论上也不能省略，愿意从更高视角上重新进行简要叙述，读者可以对照阅读。

第一个例子，德国布莱希特的剧作《伽利略传》。

要用艺术方式来表现大科学家伽利略，至少有两种常规选择：

一、通过伽利略对天文的观察和发现，表现人类与自然的贴近和较量；

二、通过伽利略与罗马教会的冲突，表现科学与迷信、人格与神格之间的较量。

这两种选择，不管哪一种，都有主题思想，都有正确结论，而且都有可能写得精彩动人、气魄宏伟。但是，布莱希特都放弃了。他故意选择了一个最为难的结构——

伽利略在教会的火刑威胁前屈服了，公开宣布自己的科学发现是谬误，这对意大利的科学研究产生了极严重的打击。教会赦免了其死罪，把他流放到了北方森林的一个小木屋中，而他原先的学生和朋友们也从道德和友情上把他流放了，再也没有人理他。孤独的老人在二十年后又有了重大的科学发现，甚至比二十年前的发现更重要。这让他的学生们产生了困惑，他当初该不该屈服？学生们在争论：对人生而言，两点之间最近的距离究竟是直线还是曲线？

当初如果不屈服，必定死亡，那也就说不上后来的科学成就了。但是，如果说当时屈服是可以原谅的，那也不对，因为正是他的屈服，使整个科学界一蹶不振很长时间，这中间不知有多少可能出现的成果被压抑了。那么，结论究竟何在？

没有结论。

只要出现了一种类似于结论的意见，立即就会遭来同样力度的反驳。显然，布莱希特自己也没有结论，甚至连偏向都没有，他让广大观众与自己一起卷入苦恼，而且坚信这种苦恼必将传之后代，没有出头之日。但对艺术而言，**真正震撼人心的地方正在这里，它让人们因苦恼而高贵。**

第二个例子，美国作家海明威的小说《老人与海》。

这部小说的内容很简单，一个独身的老渔民桑提阿果那天在茫茫大海中与浪、与鱼、与自己的体力进行了一场最残酷的搏斗，他终于捕获了一条平生罕见的大鱼，把它拖在船尾拉回岸边。但是没有想到，一路上其他鱼群却被这条大鱼的血腥所吸引，一口口把它啃完了，老人拉到岸上的，只是一个空骨架。老人沮丧而踉跄地走回自己的小木屋，很快就睡着了，与平常一样，又梦见了狮子。

在这个简单的情节中，作者对于老人与海的搏斗展开了很有力度的描写，但这并不是这篇不长的作品走向伟大的理由。走向伟大的理由只有一个：**从海明威到读者，谁也说不清老人究竟是胜利者还是失败者。**

“一个人并不是生来要给打败的，你尽可以消灭他，却不能打败他。”海明威写下的这句话已经成为现代格言，而作品本身却精细地表现了这位老人的彻底失败。然而，老人在返港的小船上刚刚承认自己被打败，却发觉大鱼的被吃，使船轻快自如。“我以前不知道失败会带来这么多的松快”，他想。于是他又想自己失败的原因，答案只是“出海太远了一点”。这时，其他鱼群又来袭击大鱼的残骸，但这些“胜利者”现在又能得到什么呢？老人回港后疲惫地上岸，回头又看了看大鱼的残骸，这，毕竟是被自己打败的对手……

如果有一个读者凭着这一些信息说老人是胜利者，那么，就一定会有另一个人拿出充分的理由说老人是失败者。彼此相反的理由可以是四条、五条、六条，乃至无穷，条条都有驳难者。于是，人们不能不想起，人类历史上的胜利和失败几乎都是如此，永久的两难，永久的转换，永久的互融，永久的无解。

总有读者会好心地从中“挖掘”出主题，海明威彻底拒绝，他只是用沉郁的目光打量着茫茫海雾，一切都是未知，所剩的只是男子汉气息。但是，他的男子汉气息是可靠的么？也不，因此他扣枪自杀。

第三个例子，瑞士作家迪伦马特的作品《罗慕洛大帝》。

迪伦马特被认为是20世纪最重要的欧洲作家之一。1999年他去世时，我曾在报刊上发表文章说：“我心中一个最常去的大港湾冰封了。”

《罗慕洛大帝》（又译《罗慕路斯》）是迪伦马特的代表作。这部作品我曾在中央电视台和北京大学的课堂上详细分析过，今天放在这里讲，是因为它在一个艺术关节上与《老人与海》有所呼应。这里的主角不是一个独身老渔民，而是处于人类历史转折点上的重要人物——西罗马帝国的皇帝罗慕洛。在他之前，欧洲有过辉煌的希腊文明和罗马文明，在他之后，欧洲陷入了漫长的中世纪。因此，他在当时的“蛮族”日耳曼人入侵时的战败，属于千秋之罪。但奇怪的是，他在兵临城下、群臣逃散、朝野崩溃的危局下一点儿也不负责任，只是在一家乡间别墅埋头养鸡，被周围所有的人鄙视。

城破之日，入侵者首领日耳曼人鄂多亚克与他一见如故，待到彼此了解身份后才让我们知道两人各自的动机。原来罗慕洛是一位大智者，知道国势已经无救便顺应历史自然走向；而入侵者首领因在寻找继承者的事情上遇到了大麻烦，才用入侵的方式来“投奔”罗慕洛。结果出现了与《老人与海》相近似的困惑：胜利和失败如何分割？

这个问题显然没有答案，却有了新的深度。你看，即便是人类历史上最著名的胜败，也可能埋藏着相反的内涵。但是，这种相反的内涵又不能否定胜败。那么，究竟什么是真实的呢？不知道。或许，这个问题本来就无法设定；或许，世间本来就没有“究竟”。

第四个例子，美国好莱坞电影《一曲难忘》（即《肖邦传》）。

我以好莱坞作例，是想表明两难结构也能支撑比较通俗的作品，使它们大幅度提高素质，并被广大民众接受。

这部电影表现了这样一个故事：一代音乐之神肖邦成名后轰动欧洲，当时他的家乡波兰正掀起一场民族抵抗运动，乡亲们企图借用他的名声来引起欧洲其他国家民众的同情和支持，用各种办法吸引他参加。他的女友、著名法国作家乔治·桑坚决反对，认为一个音乐天才的价值超过一场政治运动。但是，乡亲们终于请来了肖邦的音乐启蒙老师、初恋女友，他们捧着家乡的泥土出现在肖邦面前，彻底消解了乔治·桑的卫护。

肖邦以最辛劳的方式声援家乡斗争，直到累死。乡亲们为他举行隆重追悼会，邀请乔治·桑参加。乔治·桑拒绝，含着眼泪说：“这下你们满意了吧？世界上再也不会出现另一个肖邦了。”

显然，这又碰撞到人世间的另一个两难结构，所有的观众都无法作出明确判断。只要略懂音乐的人都会为肖邦的早逝而抱憾永久，但却又难于厉声斥责与肖邦死因有关的那些悲泣的乡亲们。

正是这种“势均力敌”，反映了人类的一系列重大犹豫。两方面都“理由充足”，因此都在把对方引向深刻，构成了一种**“危势**

平衡”。这种对峙，使作品非同一般。

第五个例子，仍然是好莱坞电影，《克莱默夫妇》。

在拍摄这部电影时，女演员斯特里普和男演员霍夫曼还都年轻，却让全世界眼睛一亮，但我今天不讲表演，还是讲文学上的两难结构。

一个到处可见的普通家庭，丈夫过于投入公司的工作而难于顾家，妻子很想找一份家务之外的工作，两方面都繁忙起来就顾此失彼，连孩子也无法照顾，无法调和只得离婚。看起来双方为了争子越吵越厉害，却因焦点一致，也就越吵越近。最后，所有的观众都希望他们复婚，而且两人也有了这样的意愿，但又明白，一旦复婚便会重复离婚前的全部悲剧和闹剧。该怎么办？无解。

因为无解，这个作品也就与千千万万陷于苦恼中的男女有关，而没有让一个简单的结论关闭后门。

五个例子，都比较现代。但是，德国古典主义哲学家黑格尔对这个问题早就有过深入论述，而他论述的范例主要是古希腊悲剧。可见，两难结构在美学上贯通古今。

黑格尔把两难结构的哲学原理，归结为“两个片面都具有充足理由，相持不下又相辅相成的悖论”，也可称之为“二律背反”。

由于“背反”的是“律”，而不是故意设计的戏剧情节，因此这种“背反”是两强共构。如果对峙的两方面有了强弱，那就很快构不成对峙，对峙成了虚假。

只有极少数对峙是永远没有强弱之分的，永远犄角对犄角、针尖对麦芒，才被稀世慧眼发现，并分辨其间的对峙究竟是意气所致，还是“天律”所致。凡是“天律”所致，便是人类生存的主要痛痒之处，因此也是大艺术家的投命之处。黑格尔认为，古希腊悲剧中的几个最高典范，都是两难结构，而支撑两难的就是“天律”。我在前面所举的五例，虽属现代，也是“天律”所致。

两难结构能在中国作品中获得印证吗？当然也能。如果从古代算起，那么，从《离骚》到《红楼梦》，最伟大作品的背后，也都埋藏着二律背反的两难。

《离骚》中对故国的情感，是留恋还是抱怨？是不舍还是别离？是徘徊于芳草间体味无悔，还是腾飞于九天间沉迷神话？难于痛下决心。看起来最需要痛下决心的地方，恰恰是最为逡巡。这种徘徊和逡巡，便构成《离骚》的基本魅力。

至于《红楼梦》，由于篇幅巨大、人物众多，简直成了两难结构叠床架屋的大汇聚。尤其是书中稍稍重要的人物，没有一个是单向的，没有一个可以“一言以蔽之”；至于那些稍稍重要的情节，又没有一个可以简单划分是非，没有一个不是“二律背反”。就男女主角贾宝玉和林黛玉而言，谁能怀疑他们的爱情？但谁又能设想他们的婚姻？那么，人世间的至爱到底是什么？没有结果的至爱应该放弃吗？……这种种问题，可以没完没了地问下去。**正是在这种没完没了的无解中，《红楼梦》问鼎了伟大。**

两难结构有一个巨大的陷阱，让大量有可能问鼎伟大的作品失足其间，结果只能保持杰出，却与伟大无缘。这个巨大的陷阱，可称之为“两难的调解方案”。这种调解方案，是出于世俗心理而在万丈深渊上勉强勾画的安慰之桥。

勾画这种安慰之桥的，首先是评论家。他们首先要安慰的不是民众，而是自己，因为他们的天赋和心力理解不了万丈深渊。由于他们长年来的连篇累牍，创造者也渐渐上当了。

例如，美国一些评论家在分析《老人与海》中“究竟是胜利者还是失败者”这一大疑问时，知道单向选择是愚笨的，便勾画了一条连接两端的安慰之桥，说海明威这部小说塑造了这样一个人物：“在胜利时保持着失败的预感，在失败时不丢失胜利者的优雅。”这两句话在词语上当然不错，但对《老人与海》来说却是一种温和的曲解。明明是无法调和的两大对峙命题，却被勉强“整合”在一起了，结果，以聪明取消了宏伟。

这就像评论《伽利略传》，评论家最常规的说法是，布莱希特塑造了一个“既伟大又渺小的科学家”，伽利略是“科学上的巨人，人格上的矮子”等等，硬是让一个人的“自身矛盾”来解释世间人生的共同难题。同样的道理，《红楼梦》所呈示的那种谁也无可逃遁的恢宏困境，也不能缩小为贾宝玉、林黛玉的“性格困境”。迪伦马特为什么故意要把罗慕洛放在罗马文明和中世纪的历史大拐点上？他正是要表明，所发生的一切都非常宏大，不是个人原因。

既然不是**个人原因**，那么，不少评论家就会寻找**政治原因**、**历史原因**，这是我们以前的教科书、学术著作的主流思路。例如，把《阿Q正传》试图解析“国民性”的努力，缩小为“辛亥革命前后浙东农村雇农阶层的生态和心态”，把《红楼梦》研究演变成清史研究。这种分析比“调解方案”更加糟糕，因为一旦把伟大的作品“锁定”在历史过程和政治事件上，它就成了一种已逝的陈迹，而且是一种“寄生的陈迹”，这就被抽去了那种穿越时间的生命力。不仅如此，历史过程和政治事件迟早可以由后人作出结论，从而体现后人居高临下的骄傲。因此，如果把伟大的作品曲解为历史和政治的寄生物，后人对它们也可以倾泻居高临下的骄傲了。读这样的教科书和学术著作，产生的心理效果是王国维先生所说的“隔”。也就是说，把作品与读者、观众隔开，让读者、观众取得一种浅薄的“安全”。

其实，**在真正伟大的作品前，一切读者、观众都是无法“安全”的，因为它们与所有的人相关，又永远也解决不了。**

记住了，朋友们，**伟大作品的一个重大秘诀，在于它的不封闭。不封闭于某段历史、某些典型，而是直通一切人；也不封闭于各种“伪解决状态”，而是让巨大的两难直通今天和未来。**一般说来，不封闭程度越高，也就越伟大。再遥远的作品，例如古希腊悲剧、《离骚》、《浮士德》，至今仍**处于一种没有答案、无法解决的不封闭状态，而且把我们每个人都裹卷在里边。这就是伟大。**

两难结构也是一种不知前途的结构，因此也可称之为**“未知结构”**。有的评论家生气了，说：“你自己还未知呢，为什么要写成作品？”那些艺术家回答说：“如果我已经搞清楚了，为什么还要投身创作？”

这里又出现了创作心理学上的一个重大选择：**你是低智取位，还是高智取位**？

如果低智取位，你就把自己当做小学老师，把读者和观众当做小学生，不断地用生动、愉快的方式教育他们什么是对的，什么是错的，我们应该学习什么，反对什么。或者，你就把自己当做居民委员会主任，循循善诱地告诉居民一个个故事的悲欢离合，以及从中应受的教育。小学老师和居民委员会主任都是很重要的职业，他们的教言也是社会的急需，但作为比喻，艺术家在创作时却不应该如此，至少不应该全部如此。应该有少数艺术家，把接受者看成是与自己一样的人，不再有半点“老师”和“主任”的色彩，反而用最诚恳、最童真的眼神，与接受者一起叹息，一起感受，一起烦闷，一起彷徨，一起疑问，一起敬畏。这就是与低智取位完全不同的高智取位。有趣的是，在艺术创作上，凡是低智取位的，姿态反而高；而凡是高智取位的，姿态反而低。

这是社会上一般人特别容易搞错的一件事。大家都认为，站得高的人必然姿态也高。因此，我们总能看到大量高姿态地说话、行事的人一拨拨地出现在眼前。这些人如果不从事艺术创作倒也罢了，一从事艺术创作，情况可能是颠倒的：姿态越高，品位越低。

我曾在两本书里对比过屈原和诸子百家之间的区别。诸子百家是思想家而不是艺术家，因此他们的言论大多是一种结论式的宣讲。站得高，姿态也高。但是，这种格局到了大艺术家屈原那里就不同了。屈原没有结论，也不作宣讲。他只有没完没了的担忧、气恼、自问，而且永远找不到答案。他甚至还专门写了《天问》，问出一大堆最天真、最质朴、最终极的问题，也不企图获得解答。他完全像一个孩子一样张着惶恐而好奇的眼睛问天问地；相比之下，诸子百家专门回答别人提问，而且总是回答得斩钉截铁。这便典型地说明了大艺术家与总是给出结论的大思想家不同，他们所探询的总是那些无“解”的命题。

这就是说，再高大的艺术家，当他们在投入创作的时候必须放低自我的方位，呈现出自己最弱、最软、最无助的部分。即使在表面上呈现刚强，也是一种在乌云密布、别无选择的情势下不得不采取的行为，可称之为“令人同情的英雄主义”、“让人怜惜的奋不顾身”。从技巧上说，则是“以硬写软”的反衬方式。你看我前面举到的海明威《老人与海》主人翁那么硬汉，算是硬到顶了吧？但他每一步都是孤独、无奈、被动的。在最软的境遇下略有坚持，坚持到最后还躲不过失败，这居然是最硬的硬汉。其实，他找不到任何答案，也无法告诉别人一句话。

在艺术创作中，最怕“洞察一切”、“看透一切”的“宣教方位”。即便是好作品，一有宣教便降下三个等级。《三国演义》开宗明义，从“滚滚长江东逝水”到“古今多少事，都付笑谈中”，把书中的故事全都高屋建瓴地看透了，当然也不错，但一比《红楼梦》的“满纸荒唐言，一把辛酸泪，都云作者痴，谁解其中味”，高下立见。**表面上，一个是俯视历史，把酒笑谈；一个是连自己也觉得荒唐、辛酸、痴傻。但在艺术创作中，前者之“高”即是低，后者之“低”即是高。**

艺术创作之所要，就是曹雪芹所说那种“痴”的其中深味，那种不仅自己不能“解”，连别人也不能“解”的状态，这就是我所说的未知结构。**《三国演义》有“解”，因此是优秀作品而不是伟大作品；《红楼梦》无“解”，因此不仅是优秀作品而且是伟大作品**。我们很多“红学家”试图给《红楼梦》提供各种各样的“解”，如果提供得非常、非常好，那也就是把伟大作品降格为优秀作品。可怕的是，他们提供的“解”常常不好，那就不知道把它折腾成什么作品了。

世界的大部分是未知的，人生的大部分是未知的。但是，人类出于群体生存的惯性，不愿承认这一点，因此就用科学、教育、传媒、网络来掩饰，装扮成对世界和人生的充分“已知”，并把这种装扮打造成一副副坚硬的胄甲。实际上，大科学家会告诉我们，事情不是这样；宗教也会告诉我们，事情不是这样；各种突如其来的自然灾害也会告诉我们，事情不是这样。装扮“已知”，使人类自以为是，颐指气使，并由此产生没完没了的争斗；承认未知，却能使人类回归诚实和诚恳。即使在发现太多的未知后人们会受到惊吓，变得疯疯癫癫，我们也不能否认这个领域的存在，更不能无视在这个领域中有着人性最慌张、最自省、最终极的部位。说到底，这就是伟大艺术的关顾领域，也就是人类天天想掩盖又在内心不想掩盖的那方秘土。艺术的秘土也就是人性的秘土，它比科学更贴近真实。亚里士多德在《诗学》中一上来就说**诗比历史更真实**，也是这个意思。这里所说的真实是一种至深层面上的真实。在亚里士多德看来，被解释得很完整的历史也就成了“已知”的历史，因此必然包含着大量的不真实。真实是未知的，分拨给了艺术。

在这里我还想再提一次海明威。他因《老人与海》等作品而获得诺贝尔文学奖，但他没有亲临颁奖现场，而是请美国大使代读了他的获奖感言。他在获奖感言中有一句很重要的话：**“对于一个真正的作家来说，每一本书都应该成为他继续探索那些尚未到达的领域的一个新起点。”**

给未知以起点——这是海明威对创作的基本观点。

说到这里，我可以针对两难结构和未知结构，提一些归结性的创作建议了。一共五条——

1. 世间创作，平庸为多，优秀为少，而伟大则可遇而不可求。因此，不要企图在一切创作中追求两难结构和未知结构。如果高度不够，才力不济，生硬追求必然弄巧成拙、不伦不类。其实，多数题材也并不具有在整体上开拓这种结构的潜能。

2. 一旦触及，便要小心测试。测试要点，首先视其**是否横跨时空，与众人相关**；其次视其**是否真正无解**；最后视其**是否不与前人重复**。

3. 创作开始之后，必须力求保持“危势平衡”。所谓“危势平衡”，首先要让两个片面各自充分发挥，发挥到对另一方造成威胁。同时又要避免失去平衡，即在一方加码到似乎要跌落在地的时候及时给另一方加压。

4. 警惕“伪结论”的浮现。寻找结论，是人类编织心理安全的本能习惯，不少创作者必然会受到社会上这种心理习惯的诱惑，即使在处置两难结构和未知结构的时候也不例外，因此出现各种或隐或显、或淡或浓的“伪结论”、“亚结论”，或有归结倾向的话语结构。这对多数作品来说是允许的，但对于已经拥有稀有结构的作品来说是一种极大的遗憾，应该舍弃。在一般评论中，常常把一部作品能否让多数读者和观众看“懂”当做一个重要标准，但这个标准对于我所说的那种作品未必适用。天下的伟大，多数很难让人真“懂”，而有不少为了让人“懂”的解释，恰恰是对伟大的曲解。这在文学艺术上，尤其如此。

5. 在整体并非两难结构和未知结构的前提下，也可以在恰当的局部试行类似的小结构，埋下一些两难的喟叹和未知的苍凉，也就是埋下一些伟大的碎片或种子，有可能取得超乎想象的奇效。

二　半透明的双层结构

上文已经说明，伟大作品的深刻追求，未必让多数读者和观众看“懂”。但对此我必须立即说明，**艺术的伟大不同于哲学的伟大，在于即使不“懂”，也要尽可能地吸引人们的注意力**。很多伟大艺术的覆盖面，远远大于能够真正欣赏它们的群落，就因为它们都具有一种正面的“泛化误读功能”。

我们经常可以看到，不少民众喜爱欧洲古典主义音乐，只觉得好听，而完全没有领会其中的宗教精神。同样，他们也会把凡·高的油画当做一种色彩亮丽的装饰画，而完全没有领会其中的生命挣扎。这种现象常常受到某些具有“伪贵族”气息的文化人嘲笑，而我却觉得很正常。这就像，即便文化层次很低的人也会觉得晚霞很美，尽管他们完全不知道光学原理和气象构成。在美的领域，“泛化感受”的天地很大，其中也包括“泛化误解”。而且，越是伟大，越容易泛化。

泛化，是由不同层次组成的。我经过长期研究发现，很多伟大的艺术作品在有意无意之间，构建了不同的泛化层次，让不同的接受者自由安顿。甚至，有时也会故意提供“泛化误读”的层次，让接受者即使误读也没有脱离美的控制。

很多艺术评论家和艺术学教授为什么那么令人厌烦？因为他们总是试图取消“泛化误读”的空间，使审美变得单一、刻板、枯窘。其实，他们以“正确”的面目导致了更大的误读。顺着我前面有关晚霞的比喻，那天傍晚，很多孩子面对晚霞设想着童话世界，很多老农面对着晚霞讲述着迷信传说，没想到那些艺术评论家和艺术学教授突然出现了，宣布孩子和老农的错误，开始讲授“正确的晚霞知识”。结果会怎么样？孩子走了，老农走了，晚霞也消退了，眼前是一片黑暗。

我一说大家就明白了，在美的领域，确实有太多制造黑暗的评论家和教授。而且他们脾气很大，声音很响，因为身处黑暗不能不这样。

只有鼓励泛化感受、包容泛化误读，才能问鼎伟大。为了进一步说明这个问题，我还请大家恭敬地联想一下宗教。那些著名的宗教，信徒成千上万，其中多少人能够准确地读解《圣经》、佛经和其他神圣的经典呢？但是，即使不能准确读解，也不失为忠诚的信徒，也受到宗教的接纳和关爱。我童年时在乡间，很多佛教徒并不识字，当然读不懂佛经，他们的信仰中又包含着大量的迷信误读，但这恰恰是佛教的伟大所在。在这一点上，艺术的伟大和宗教的伟大，有点近似。

那就回到艺术创作的问题上来吧。一部伟大的作品，如何故意设置内外层次来安顿泛化感受和泛化误读呢？我想举莎士比亚的作品《李尔王》来作说明。

《李尔王》的故事大家都知道，是从年迈的国王李尔分国土给三个女儿开始的。他在分国土之前，希望女儿们能在宫殿上当众讲几句他爱听的话。大女儿、二女儿用非常夸张的语言宣称，自己对父亲的爱超过自己的生命，世界上一切快乐都比不过自己爱父亲时的感受。小女儿考狄利娅则只是平静地表示，她会尽女儿的本分去爱父王，不多也不少。所谓“不多也不少”，是指她还要留下一部分爱给未来的夫婿。

李尔王平日很喜欢小女儿，但今天却对她的话非常震怒，要她收回。小女儿觉得自己并没有错，于是，李尔王当即作出了蛮横的决定，国土一分为二，只分给大女儿、二女儿，小女儿则分不到一寸土地。

以下的情节是，失去了权力的李尔王受到了大女儿、二女儿的轮番驱赶和欺侮，而渐渐精神失常；嫁到了法国的小女儿闻讯前来拯救父亲，却遭到了残害。疯狂的李尔王抱着小女儿的尸体说：“哀号吧，我要用我的哭声震撼穹苍，她是一去不回的了。”很快，他也死了。

这个悲剧，一般地看，是一个糊涂的父亲看错了自己的两个坏女儿、一个好女儿。这是任何人都能感受的故事，观众看到受宠得利的两个坏女儿如何一步步把放弃了王位的父亲活活气疯，看到受屈而远去的小女儿终于赶回到可怜父亲的身前问一句：“父亲，您还认识我吗？”再铁石心肠的人都会动情。即便是中国的乡间老妪，也会为之拭泪。

广大观众在领受大善和大恶的强烈对比之余，同时也会看到一个家长不辨忠奸所造成的祸害。这是《李尔王》几百年来给予社会的基本印象。

但是，问题来了。

第一，李尔王看错的，并不是朝廷高官、国外使臣，而是自己的亲生女儿。大女儿、二女儿的虚伪，不可能在短期内形成；小女儿的忠贞，也不可能难于识别。如果李尔王一直不与她们住在一起，那还情有可原，但实际情况又不是这样，李尔王天天看着她们一步步由小孩变为大人的。在这种情况下，父亲把三个女儿看错，很不合理。

第二，如果李尔王已经昏聩，那还能勉强成立。但是，在他分国土的那天，显然头脑清醒。他懂得及时退位，并自动放弃权力；他在没有儿子的情况下愿意把国土分给女儿——这一切，都说得上英明。一个英明的君王阅人无数，居然看错了朝夕相处的女儿，这怎么可能？

第三，如果朝廷上无人劝说和阻止，那还可以解释成在恼怒之下的一时冲动，但劝说和阻止者及时出现了，特别是大臣肯特，不仅身份显赫，而且用语强烈。除肯特外，还有宫廷丑角即“弄臣”的慧语黠言。但李尔王不仅没听，反而对肯特问罪。

以上这三个问题叠加在一起，莎士比亚几乎成了一个为了追求戏剧效果而不顾正常逻辑的剧作者。这样的错误如果由一个初写剧本的青年作者来犯，那还说得通，但这是莎士比亚，而且是充分成熟的莎士比亚。退一万步，这样的错误如果出现在莎士比亚随手一写的粗疏剧作中，那也能让我们痛苦接受，但这明明是他的“四大悲剧”之一，是他走向伟大的里程碑。因此，就无论如何也无法作出圆满回答了。

那么，这儿必有隐情，这儿必有潜藏。**只有潜藏在后边的内涵，才合乎莎士比亚的真实水平，才合乎世界名剧的真正高度。**

我读到一位欧洲导演对《李尔王》的阐述，才明白发掘这种潜藏的内涵是高层艺术家的一种默契。

简单说来，在分国土的那一天，李尔王心里很清楚，大女儿、二女儿讲的是假话，小女儿讲的是真话。但是，他还是明确地褒奖了虚假，严惩了真诚。

在中国古代朝廷上，皇帝在怂恿奸臣、虐杀忠臣的时候，心里也很清楚，奸臣说的是假话，忠臣说的是真话。

莎士比亚不小心把全世界的朝廷悖论全都囊括在里边了。

皇帝为什么要杀忠臣？理由是，处于君临万方的极位之上，真实和真诚对他无用。他需要的，是排场，是仪式，是典礼，是脸面，是一种言不由衷的欢呼，是一种歌功颂德的安慰。那天在朝廷之上，大女儿、二女儿符合了他的这种需要，而小女儿则破坏了这种需要。

那么，在什么情况下，才能让他感受到真实和真诚的需要呢？答案是，在他被剥夺极位，成为普通人之后。莎士比亚果真这么做了，李尔王被剥夺了一切，剥夺得非常彻底，甚至成了“人类在草昧时代一个寒碜的赤裸的两脚动物”。只有在这个相反的极端上，他才感受到了普通人性的重要。这个差异实在太大，因此他疯了。他已经做不了正常人，却以生命的突变验证了正常人的价值。

在这里，我们看到了莎士比亚作为一个伟大人文主义者的应有等级。

认识他真难，但我们终于认识他了。英国人文主义运动的第一号人物，当然有他特别的深刻性，但他又有一副最通俗的外表。

莎士比亚藏在作品内层的等级不是猜测出来的，而是留下了太多的证据。例如，在分国土的当口上，李尔王面对小女儿的忠实勃然大怒，说：“那么，就让你的忠实做你的嫁妆吧！”可见他当时完全不需要忠实。因此，当小女儿在最后见到他时喊一声“您还认识我吗”，就包含着对忠实和真实的重新“认识”。

但是，至高的权位与忠实、真实之间果真能够互融并存吗？莎士比亚的回答是沮丧和迷惘的，因此他也进入了两难结构和未知结构。在两难和未知中，包含着一种高贵的人生长叹。

《李尔王》在让人们终于进入深度潜藏层面之后，会不会就此蜕弃外在的通俗层面？不会。通俗层面依然为它创造着巨大的吸引力。这是不是意味着，一部伟大作品可以接受多层解读，让深者取其深，浅者取其浅，各取所需？是这样，但问题要比这种分割深刻得多。

诚如前文所述，伟大的作者总是在通俗层面和潜藏层面之间挖出一系列通道，树起一块块路碑，作出一次次暗示。从通俗层面看来，这也是一条条门缝，一道道豁口，一孔孔光洞，让一些有灵性的观众产生疑惑，急于窥探。当然，对多数通俗观众来说，这是一些情节之外的角落，难于理解的部件，也就不去注意了。这类艺术，照顾的是多数通俗观众，关注的是少数灵性观众。这些灵性观众，是伟大作者的精神知音，也是人类艺术的真正觉者。

这两个层面，前后并立，但前面一层又隐隐约约、影影绰绰地透露着后面一层的信息。我把这种艺术方式称之为“半透明的双层结构”。

对于这种结构，我有以下几点说明——

1. 伟大作品可以单纯，但不可以单层。

2. 世间艺术，浅显的外层里边可以没有深层，那就是所谓通俗作品，应该大量存在，不必拔苗助长，徒求深刻；但是，一旦有了深刻的内涵，就必须寻找可让更多人感应的外层。

3. 外层很可能是对内涵的“泛化误读”，不必嘲笑。但是，这种“泛化误读”在人文方向上应该与内涵基本一致，而不应该南辕北辙。

4. 外层的设置不仅仅是一种策略性的存在，而应该力求审美自足。也就是说，在故事的精彩、色彩的完满、旋律的美丽上，能让多数进入不了深层的观众和读者获得满足，让他们在心理上“全收而归”。

5. 在看似完满的外层中，应该仿佛不经意地留几条门缝，让少数有灵性的观众和读者看到门后之云，猜测云中之山，然后破门而出，进入深层，直面伟大。有些作品没有留下门缝，只让观众和读者自己去“感悟”门后“可能有的风景”，那也不错，但已经不属于我所讲的“半透明双层结构”了。这种不留门缝的外层完满，要引起人们自己“感悟”，那只是作者的愿望，实际上很难做到，做到了也可能导致“异向流散”，结果已不在作品的效能范围之内。

6. 除了“半透明的双层结构”之外，外层和内层当然也可以交错存在，或同时拼接，或互相对话，这是现代艺术对于古典艺术进行解构时常用的新奇实验。但是，无数事实已经证明，这样的实验必然造成两相破碎而使人们产生审美劳累，虽然妙笔处处，却难以进入伟大行列。

7. 伟大作品的“半透明双层结构”，最后完成处不在内层，而在外层。依然是外层的故事、色彩、旋律，却因为内层的提振而出现了另一番神采。神采之外，不再有另外的深刻哲言。再深的艺术内涵，也不能脱离感性状态。这种对外层的返回，正应得着中国古代艺术哲学所说的，初次见山是山，再次见山已不是山，而最后见山还是山。但是，如果没有“见山已不是山”的阶段，最后的山与初次的山就没有区别了。因为，半透明的内层至关重要，不可省略。

说完以上七点，我还想急切地论述一个观点：“半透明的双层结构”是造就杰出观众的秘径。每个时代都有一些这样的观众，在年轻时发现了伟大作品表层的“门缝”，引起巨大好奇，在朦胧混沌中留下一个不断延伸的梦，结果提升了人格等级。

最好的例子莫过于英国19世纪的散文作家德·昆西。他童年时观看莎士比亚的名剧《麦克白》，在一个小地方产生了奇怪的心理效应，引起他后来长达几十年的追索。

这个戏表现英格兰将军麦克白听了三个女巫的暗示，在自家城堡中杀害了到访的国王邓肯，篡权夺位而终于败亡的故事。在那个夜晚，麦克白夫妇终于完成血腥谋杀之后，黎明来临了，城堡外传来一阵阵敲门声。这敲门声其实很普通，却使麦克白夫妇非常紧张。德·昆西回忆道，他童年时看戏看到这里，也觉得这个敲门声惊心动魄。这使他很奇怪，因为即使敲门声会带来谋杀阴谋的败露，观众也会觉得很自然，怎么会惊心动魄呢？

德·昆西花了几十年时间研究这个问题，终于发现，其中埋藏着一个深刻的文化心理奥秘，而这个奥秘又连通着莎士比亚的宏观视野。那个黑夜，对麦克白夫妇来说是一个噩梦，对观众来说也是这样。突然，敲门声告知，黎明来临了，噩梦该醒了，正常的早晨开始了。因此，这是一次摆脱噩梦的自我寻找，不能不惊心动魄。

噩梦是由三个女巫输入的，与麦克白心底的噩梦一拍即合，立即走火入魔，而敲门声则意味着人间的正常生活。这就构成了一组强烈对比：魔性与人性，黑夜和黎明，沦陷和惊醒。这种对比已经超越麦克白本人的命运悲剧和性格悲剧，进入了人世间重大而普通的课题。

德·昆西终于明白了自己童年观剧时的特殊心理反应，并写了《论〈麦克白〉中的敲门声》一文。由此可见，那敲门声正是莎士比亚安排的"门缝"，德·昆西从这里走通了一条美学道路和人生道路。

至此，作品的"半透明的双层结构"也就与人格成长的复合结构合而为一了。

"半透明的双层结构"，在很大程度上也就是象征结构。一切象征结构都有双层，由外层之浅，指向内层之深。但是，在实践中，一般的象征很难做成"半透明的双层结构"。原因是，象征往往有结论，以内层为归结，而且常常端着象征的架势。这一切，与我主张的"半透明的双层结构"大异其趣。

不过，象征中的实体象征一类，就基本上是一种"半透明的双层结构"了。之所以一些作品表面上看上去并无超凡脱俗之处，却能成为经典，其原因便在于其实体象征手法使其具有"半透明的双层结构"，在表面故事背后有了更深一层的意蕴。关于此，在第九章中，我以《老人与海》、《阿Q正传》、《鲁滨孙漂流记》等作品为例进行了详细的论述。

两大隐秘结构暂时介绍到这里。在艺术创作中，再好的方法，也都需要获得一系列其他因素的支撑，因此，我要用整整一门《艺术创造论》课程来提供背景。两难和未知的事情那么多，究竟哪一种才应该被选择？选择后又如何把握“度”？半透明的双层在不同的题材中如何裁判？它在面对不同观众时又如何保持审美等级？……这一切，确实牵涉到了艺术学的整体结构。我在下面所讲述的艺术学，与通行的同类学说大不一样，完全是从创作实践中最关键难题出发的。只要是真正的艺术实践者，一看就能明白我的着力所在。

本论

艺术创造论

第一章　艺术本性

一　培根的定义

这是一部适用于艺术创作实践的简要教程。但一开始，还应该是从艺术的定义说起。

培根

大学者弗兰西斯·培根曾用拉丁文为艺术下过一个定义：

Ars est homo additus naturae.

（艺术是人与自然相乘。）

这个定义看似简陋，但几百年来，一直被艺术家们看成是“一个不朽的培根公式”。

凡·高自画像

连不喜欢理论的大画家凡·高，也在一封私人信件中写道：

对艺术，我不知道还有没有比下面更好的定义：艺术，是人加入自然，并解放自然。

这里所说的人和自然，按照西方近代的概念，也可称为主体精神和客观现象。按照中国古典的概念，则可称为“人”与“天”。

确实，这是公认的艺术创造的两大支柱。黑格尔说，艺术的难点在于“使外在的现象成为心灵的表现”。运用自然和人的概念来表述，也就是使自然人化。

但是，自然的人化是不容易的。歌德认为，艺术创造的一个永恒矛盾是艺术家这个人与自然的复杂关系：一会儿是自然的主人，一会儿是自然的奴隶。可见这两大支柱常常处于矛盾的不平衡状态。

公元前14世纪的原始艺术

对于这两大支柱的关系，中国传统文论有更深入的论述。钱锺书先生在《谈艺录》里把这种关系归纳成三个层次，即：一、人事之法天；二、人定之胜天；三、人心之通天。

这三个层次里的“人”与“天”的关系，也就是培根所说的人与自然的关系。

第一层次，“人事之法天”，也就是人对于自然的被动效法状态。到了第二层次，这种被动状态被否定，“人定之胜天”，人以进取的态势表现出对自然的驱使和释放。但到了第三层次，否定之否定，天人合一，不分彼此，自然与人，共臻化境，于是称为“人心之通天”。

钱锺书曾这样描写这个境界：

> 盖艺之至者，从心所欲，而不逾矩：师天写实，而犁然有当于心；师心造境，而秩然勿倍于理。莎士比亚尝曰：“人艺足补天工，然而人艺即天工也。”圆通妙澈，圣哉言乎。人出于天，故人之补天，即天之假手自补，天之自补，则必人巧能泯。造化之秘，与心匠之运，沆瀣融会，无分彼此。
>
> 《谈艺录》

在这个境界中，属于“天”的范畴的“造化之秘”，与属于“人”的范畴的“心匠之运”，完全融合了。结果“造化之秘”也就成了“心匠之运”，即我们在生活中偶尔见到的，一个人为的好构思像是上天授予，相反，一派天生的好江山却倒像是出自谁的手笔。

到了这种境界，艺术家的创造心理状态是什么样的呢？或者说，培根所说的“相乘”，是如何发生在他们身上的呢？

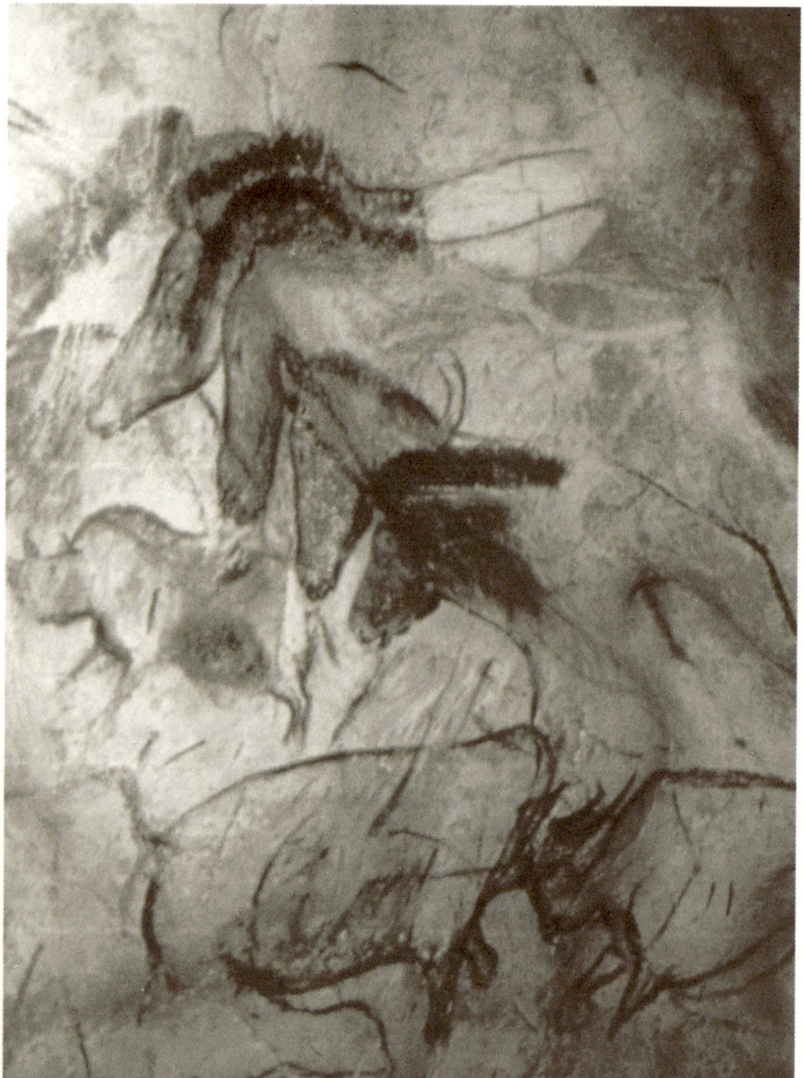

史前时代——三万多年前的洞穴绘画

简单说来，就是领悟天意，自如创造，既不强求于“人”，也不强求于“自然”。

在这方面，说得最细致的还是中国古代的文论家。下面，我从陆机《文赋》和刘勰《文心雕龙》里各意译出一段，来看看他们的相关描述。

陆机是这样说的：

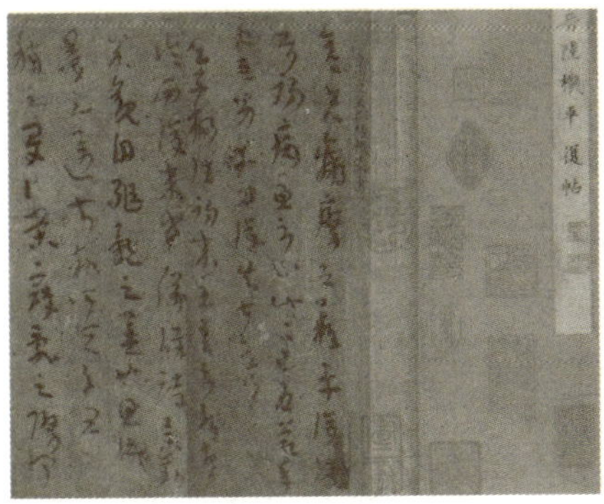

陆机《平复帖》

艺术的感应，创作的开窍，来的时候抑制不住，去的时候也阻挡不了。它会像亮光一样突然熄灭，又会以宏大的声音突然鸣响。

在艺术的天性敏捷活跃的时候，再纷乱的素材也能理得清楚。这种时候，思想会像疾风一般从胸中升起，语汇会像流水一般从唇中流出。再繁盛壮美的景象，也能在笔端呈现。这种时候，艺术家满目都是文采，满耳都是音韵。

在艺术的情思阻塞的时候，神志也就停滞不前，恰似一截枯死的朽木，恰似一条干涸的河床。于是，艺术家只有把持魂魄去探寻底蕴，重振情思去努力求索，直到隐蔽着的文理渐渐萌动，包裹着的文思慢慢抽出。

所以，在艺术创作中，太用力的构思常常失败，而随意为之却较多成功。创作是我在进行，但我的力却不能强求。为此我们常常扪心叹息：最终还是搞不清创作开窍和阻塞的原因。[1]

刘勰则是这样说的：

所以文艺创作必须调节得当，使内心清和，气息舒畅。一旦心烦便立即放手，不要老是胶滞在那里。感受到了意蕴就畅怀执笔，把握不住文理就悠然搁笔。以逍遥自在来对付辛劳，以谈笑风生来消除疲倦。经常要让才华的锋芒安闲处之，让创作的冲动留有余地，这样便可使艺术的刀刃永远锋利，使艺术的机体顺理无碍。到了这种地步，与气功无关的艺术创作，也能收到养气健身功效。[2]

陆机和刘勰把艺术家天人合一的创作状态写得淋漓尽致，尽管从概念到表述完全是东方古典形态，却能与培根的定义

---

[1] 这段话，陆机《文赋》中的原文为——

若夫应感之会，通塞之纪，来不可遏，去不可止。藏若景灭，行犹响起。方天机之骏利，夫何纷而不理。思风发于胸臆，言泉流于唇齿。纷威蕤以馺遝，唯毫素之所拟。文徽徽以溢目，音泠泠而盈耳。及其六情底滞，志往神留，兀若枯木，豁若涸流。揽营魂以探赜，顿精爽于自求，理翳翳而愈伏，思轧轧其若抽。是故或竭情而多悔，或率意而寡尤。虽兹物之在我，非余力之所戮。故时抚空怀而自惋，吾未识夫开塞之所由也。

[2] 刘勰这段话的原文为——

是以吐纳文艺，务在节宣，清和其心，调畅其气；烦而即舍，勿使壅滞。意得则舒怀以命笔，理伏则投笔以卷怀，逍遥以针劳，谈笑以药倦，常弄闲于才锋，贾馀于文勇。使刃发如新，腠理勿滞。虽非胎息之迈术，斯亦卫气之一方也。

遥相呼应。

罗曼·罗兰

这些表述传达了一个明确的信息：那座能够让“人与自然相乘”的“炼丹炉”就在艺术家心间，而艺术家抵达的这个创造境界又是一个极神秘的所在，外部力量很难介入。按照罗曼·罗兰的说法，这是一个“单房”。他说任何作家不管在什么情况下都“应该为自己保留一间单房，离开人群，单独幽居”。陆机和刘勰所说的一切，只能发生在这样的“单房”里。

于是，人、天、自然、心灵、美，这些宏大的概念全都汇聚到一个最隐蔽、最深幽的小地方了。

这正是我们需要窥探的起点。

二　一种纯粹而孤立的创造

最隐蔽、最深幽的小地方，展开的是一种纯粹而孤立的创造。

在人类的一切创造活动中，唯有艺术的创造最为纯粹。美学家苏珊·朗格在《艺术问题》一书中详尽讨论了这种特性。她认为，艺术创造和物质产品的创新有本质的区别。物质产品离不开特定的材料、形状、功能、名称，因此无论如何算不上纯粹意义

苏珊·朗格在书房中

的创造；而艺术则要构建一种原来并不存在的虚像。它即使与现实相关，也是一种主观经验和情感生活的表现，因此是一种真正的创造。

哈佛大学哲学教授闵斯特堡则在《艺术教育原理》一书中论述了艺术作为创造物的自足孤立性质。他认为，科学发明与艺术创造看起来差不多，实质上却完全不同。第一，科学发明是科学家和同行们一起，合力建造一个总体知识系统，而艺术家则在营造一个不与旁人雷同的独立天地；第二，科学发明具有明显的上下继承性，而艺术创造则永远是一个不与前人重复的新鲜行为；第三，科学发明一旦产生就已解决，从第二天开始便形成重复，而艺术创造则需要不断重新伸发，从头开掘，即便是老题材也应该出现新格局。因此，艺术创造展现出一种罕见的特殊性：因创造的纯粹而孤立。

这里所说的"孤立"容易产生误解，因为艺术创造的后期展开阶段很可能产生一种万众汇聚的热闹，似与"孤立"相异。其实，就其创造程序的核心部位而言，无论是创造者的精神活动、心理处境，还是创造物的个体性、初生性、独特性，都是极其孤立的。孤立，是创造者和创造物的首要生存原则，也可称为"唯一性原则"。

但是，确实遇到了一个根本问题：这种纯粹而孤立的创造，对人类社会究竟有什么意义呢？

任何创造都有可能为人类社会增添新质，却更有可能随风飘散。艺术创造，如何才能成为前者而不是后者呢？

唯一性原则固然珍罕，却又何以使这种原则打动人心，吸引万众汇聚，取得社会价值？

回到培根的定义上来，艺术是人与自然相乘，那么，这里的“人”是纯粹的创造者个体吗？其中是不是也包含着各种接受者，因此包含着人类的整体生态？与此相关的问题是：个体创造者有没有可能撬动更多人的心灵？被“人”相乘的“自然”，有没有可能成为一种形式意义上的“自然”，成为个体创造者撬动更多人的心灵的支点？

——这种种问题，使古典的培根定义，需要加入新的内容，成为一种现代形态。

三　创造的说服力

现代形态的首要问题是：**创造的唯一性原则**，遇到了**创造的价值论原则**。

人在创造中点化自然、释放自然，最后也要把自己和创造一起变成一种形式化了的“自然”。这第二个“自然”，就是**与天相生、与民相亲**的客观创造物，可称之为“人化的自然”。

"不管他是谁，这张画极像他！"

然而，既然艺术创造的成果是一种精神虚设，它又何以能与天相生、与民相亲呢？

这里就必须有一个让精神虚设变成精神成果的"被接受"过程。

在这个过程中起关键作用的，是**创造的说服力**。

创造的说服力是一个艰深的概念。为了说明它，我想引述一位现代画家的话。这位画家叫德西迪里厄斯·奥班恩，澳大利亚人，曾任联合国的视觉艺术委员会主席。他在《艺术的涵义》一书中写道：

> 有个农民看到一位绅士的肖像，他仔细地端详后感叹道："不管他是谁，这张画极像他！"当我第一次听到这个

故事的时候，我笑了。可是当我看到伦勃朗作的他的母亲的肖像时，我意识到自己实际上也有同样的感觉，使我慢慢笑不起来了。这两种情况都是被艺术家的说服力深深打动的结果。除了现实的说服力以外，还有一种我所称为的**创造的说服力，这和现实很少或没有关系**。创造的说服力有一个重要的任务，就是把外行引进创造的世界。

《艺术的涵义》

奥班恩还说，这种创造的说服力与真实的说服力有着本质的区别。对一位创造力勃发的出色画家来说，“当注视着人体或动物的形体时，客观的解剖知识不但没有帮助，反而是对创造力的障碍”。对此，最有说服力的证据乃是：“希腊雕塑的全盛期是在公元前5世纪，那时不像后期那样把解剖应用于客观性状，而是应用于实际感觉。”

创造的说服力与我们平日赖仗的教育的说服力、科学的说服力也很不相同。艺术创造靠一种神奇的虚设触及了人们的两重共性：一是所刻画的对象在人们中的共性，二是欣赏者内心的某种共性。这两种共性，来自于人类的共同生态。因此，不管艺术家多么纯粹地孤立，他们都是经由自己的“单房”和小径，在探询人类生态。这种探询的成果不是逻辑结论而是直觉形式。

总之，艺术创造的说服力，是要把培根所说的“人”，通过艺术家个人而抵达人类生态；还要把培根所说的自然，通过原始自然而抵达自觉形式。而这一切，又必须在虚设中实现。

现代社会与古典社会相比产生了更大的不同。社会生活的极大繁荣和极大险恶，使一切创造目的的实现必须通过一番争夺。陆机、刘勰描写过的怡然自得状态当然永远令人神往，但在进入这种状态和离开这种状态前后的艺术创造程序，必须承受艰难的现代选择。现代选择的结果未必只是现代，很可能是某些虚设形式的跨时空展现。

由此，我们可以提出一个新的定义了。

那就是——

艺术，是一种把人类生态变成直觉审美形式的创造。

第二章　艺术眼光

黑格尔

艺术要通过创造，把人类生态变成直觉审美形式，这件事的格局很大。

人类生态奇大无比，直觉形式则具体可感，两者间距离迢迢，要完成中间的创造必须经过一层层严格的选择。选择的结果，人类的生态仍是人类的生态，不因经过选择而缩小；直觉形式仍然是直觉形式，不因经过选择而空洞。此间烦难，可想而知。

有些诗人、画家、音乐家，凭着自己的天赋把此间烦难轻捷消解，这是人类艺术史上的奇迹，常常使我们不得不再一次温习“人心之通天”的至高境界。

但是，我们即将从事的那些篇幅巨大的情节性艺术如戏剧、小说、电影、电视剧，创造过程长，创造工序多，就不能完全依赖奇迹了，而应该对整个创造活动进行解析研判，然后一步步权衡选择。这是一个庞大的工程，处处疏漏不得。

黑格尔在《美学》中早就仔细分析过，每一种不同体量的艺术样式在实现理想时会走完全不同的路。黑格尔把不同的艺术样式看成是美在自我实现时的不同生命历程，因此，每一段都是通向永恒之途的一种方式。

篇幅巨大的情节性艺术，首先遇到的，是立意的精神等级问题。没有一定高度的立意，就控制不了很大篇幅。

正是**立意的精神等级，决定了这个作品有没有可能成为人类生态的直觉形式，然后获得在人间存在、被人们关注的价值。**

要提高精神等级，首先要用苛刻的艺术眼光摆脱种种实用层次的吸引力。

由于情节性艺术的篇幅足以收纳不同层次的内容，因此所谓提高精神等级，也就是确定这个精神等级的主宰地位。

“立意要高古浑厚，有气概，要沉着，忌卑弱浅陋。”（元・杨载：《诗法家数》）在情节性艺术中，要删净“卑弱浅陋”的内容是不可能的，但必须让它们受到“高古浑厚”的统帅。麻烦的问题是，这两者之间的区分十分艰难，“卑弱浅陋”常常被看作“高古浑厚”。

由于种种历史原因，艺术眼光常常被历史眼光、政治眼光、道德眼光所替代，事情就变得更加混乱。

为此，我必须先要用实例说明艺术眼光不是什么，然后再来说明它是什么。

一　不是历史眼光

亚里士多德

艺术眼光首先不是历史眼光。这个问题最容易混淆，因为历史有堂皇的外貌，常常被视为天然的“高古浑厚”而高于艺术，结果连很多艺术家也常常愿意接受这种混淆。

最早把艺术和历史区别开来，并论述艺术有可能比历史更真实的，是古希腊哲学家亚里士多德。他的《诗学》，很大程度上是让诗摆脱历史阴影的一门学问。

在欧洲，把这个问题说得最透彻的，还是黑格尔。他认为，**要长时间地留存于世，必须摆脱速朽性因素，**其中最常见的速朽性因素便是“**历史的外在现象的个别定性**”。在他看来，相对于美，历史常常只是一种“**外在现象**”，它的发展大多不具备必然性，只是一种“**个别定性**”。

最能证明亚里士多德和黑格尔理论的，是莎士比亚的作品。他的早期剧作，由于过于执著英国的历史事件，现在很难被观众广泛理解，因此极少上演。他的那些成熟作品，突破时空限制，不受历史牵掣，则永远受到欢迎。

在我们的实际创作中，这方面的例子不胜枚举，可惜多数是

《九三年》法文版

负面的。

例如历史记载，一个古代军事家为了演示自己的兵法曾当场杀了两名不遵守操练纪律的宫女，于是产生了震慑作用（见《史记·孙子吴起列传》）。我看了根据这个记载拍摄的电视剧，不忍卒睹。原因是，这个历史事件一到艺术之中就违反了人性原则。无辜宫女的鲜血无法获得艺术眼光的肯定。

又如，按历史眼光，王昭君远嫁异邦这件事，带来了两个民族多年的和平，这当然很好，却不是艺术眼光。艺术眼光必须关注她远走边荒的凄楚身影，尤其关注她在丈夫去世后不得不按照当地习惯嫁给自己儿子这样的悲剧。

艺术眼光敏感于具体的生命状态。

因具体的生命状态，艺术眼光提出自己的态度。这种态度，多数与历史眼光不合。历史过于追求功业，过于漠视生灵，因此，眼光太硬太冷。

如果既要保持艺术的眼光，又要留存历史的气韵，那么艺术家必须裁断主次。这方面做得最出色的是法国作家雨果，尤其是他那部《九三年》。

二　不是政治眼光

契诃夫

政治眼光也有善、恶之分，但不管哪一种，都不是艺术眼光。

契诃夫笔下有两个童仆：九岁的男孩万卡和十三岁的女孩瓦尔卡，他们分别出现在短篇小说《万卡》和《渴睡》中。评论家一再告诉我们，契诃夫十分憎恶旧俄的童仆制度，因此塑造了这些形象来进行政治批判。万卡在偷偷地给爷爷写信，诉说非人的遭遇，要求爷爷把自己领回去。他显然不会寄信，但他以为爷爷能收到，就高兴地睡着了。瓦尔卡连写信的时间也没有，干不完的活剥夺了她睡觉的权利，终于在渴睡的迷狂中扼死了那个成天吵闹不休的婴儿。这两个孩子的现实处境和不远前景都非常悲惨。

显然，契诃夫的艺术眼光，主要不是投射在童仆们劳累困苦、挨打挨骂等一般性的悲惨境遇上。这些，公正一点的社会调查员也会发现，有道义的法官、律师也会对之愤怒。但是，即便是带有情感色彩的调查报告和法庭辩护词，都不能算是艺术作品。

契诃夫的着眼点在于：当非人的苦役重重地压在肩上的时候，这两个活生生的生命体仍然雄辩地显示着自己作为儿童的全部生理心理特征。小说都是以他们的酣睡结束的，但是，他们的酣睡，却是以极不懂事的方式换来的。

这又一次证明，艺术眼光，只敏感于具体的生命状态。这种敏感，远远超越政治敏感。

在古代政治题材的作品中，一个忠臣可以杀掉有血缘疑点的妻子而取信于某个政治人物，这就很难通过艺术眼光。在艺术眼光看来，相亲相爱的妻子的生命状态，远比那种政治势力的起落重要，因此很难称赞这种杀戮。

在现代政治题材的作品中，一个将军的行止要进入艺术眼光的选择非常不易，除非他在硝烟刚刚散去时端详起战场上牺牲的敌军士兵年轻的脸。一个法西斯军官看到遍体鳞伤的反法西斯战士口袋里掉出一张照片，一看是一个年幼的儿子在拉小提琴，他立即也从自己口袋中掏出一张，也是一个年幼的儿子在拉小提琴，说，"他们拉的很可能是同一个曲子"。这是苏联电影《托儿所》的一个情节，可以看到艺术眼光对生命状态的选择。

政治与众人有关，但从眼光而论，真正专业的政治眼光永远只属于少数职业政治家，而且也只应属于他们。在艺术眼光看来，"泛政治化"的眼光是最短浅的眼光。那只是一种出自政治概念的假定，一种来自宣传需要的伪饰，一种不经过个人头脑的呼喊。用"泛政治化"的眼光来从事艺术创造，不仅是对艺术和创造的双重玷污，而且，还玷污了有可能清明的政治，因为任何清明的政治不可能为了自己而剥夺艺术。

三　不是道德眼光

艺术眼光也不是道德眼光。道德有新旧之分，旧道德中那些割股疗亲、夫死尽节之类行为固然因为刺痛了艺术眼光对具体生命状态的敏感而早已与艺术无缘，新道德否定这一切，却也因为成了一种笼而统之的新概念而离开了具体生命，同样与艺术眼光擦肩而过。**艺术眼光并不关心道德本身，而是关心在各种道德规范下蠕动的生灵。它因生灵，才返观道德。**

这也是艺术学既不成为历史学、政治学奴仆，也不成为伦理学奴仆的立场。

更重要的是，人世间最重大的生命悲欢，任何道德规范都管辖不了，也解释不了。

《红楼梦》中作为贾府最高统治者的贾母破坏了贾宝玉、林黛玉的恋爱关系，我们就不能用简单的人性评判和道德评判的眼光来裁断。贾母真爱贾宝玉，她疼爱林黛玉也不是虚情假意。她很宽容，甚至很开通。她的至高地位使她没有必要两面三刀地伤害自己怀里的孩子。但是，出于一系列带有根本性的考虑，出于种种融化在她人格中的自然选择，她只能让贾宝玉和林黛玉分开。于是，这个恋爱悲剧也就包含了更深厚的无奈必然。如果贾母只是出于一种道德上的恶的意向而拆散了宝、黛，那人们只会惋惜他们不幸遇上了一个恶老太。恶老太毕竟不是处处有、时时在的，因而这种不幸带着显而易见的偶然性。这种不幸体现在艺术作品中可以激起读者无限的愤怒和怜悯，但静心一想，既然一切都可归因于个人，归因于偶然，这毕竟是一种可能避免的不幸。《红楼梦》提供了一个时时真诚地呼唤着心啊肉啊的慈祥老太太，她一心要给儿孙们创造幸福，但又无可置疑地作出了她的自然选择。这样，与宝、黛过不去的，只是一种宏大无比的社会必然性。读其他恋爱悲剧，人们常常会遐想恋爱主人公在遭遇上的其他多种可能，但读《红楼梦》则不会，一切只能如此，既那么偶然又那么必然。

道德裁断，可以处决民间戏曲《秦香莲》中的陈世美，却难于处置《琵琶记》中的蔡伯喈。陈世美彻底违背了做丈夫、做父亲以至做人的起码道德，成为人们深恶痛绝的“负心汉”的典型；而蔡伯喈却并非如此。表面上他也背弃了妻子父母，但剧作者却为他安排了一系列理由，而且这些理由都令人同情。不管作者的初衷如何，作品表述了一种意向：如此广泛存在的家庭悲剧，不是几个青年知识分子在道德上的负心所能承担得了的。

对道德评判的超越，更多地出现在变革时期。在那样的时期，艺术家总是更多地留心社会现实与以往的道德标准相离逸的地方。他们发现，一群在道德上无可厚非之人，竟然组合成了一个可怕的悲剧；倒过来，处处不避邪恶的行动，却构建成了一个前进的流向。在宏阔严峻的客观必然性面前，天若有情天亦老；在无可阻遏的社会潮流之中，你别无选择。

——这也不是艺术眼光，那也不是艺术眼光，几经否定，艺术眼光的自身涵义也就显现出来了。

我们的定义是：**艺术眼光，是一种在关注人类生态的大前提下，不在乎各种权力结构，不在乎各种行业规程，不在乎各种流行是非，也不在乎各种学术逻辑，只敏感于具体生命状态，并为这种生命状态寻找直觉形式的视角。**

根据这个定义，艺术眼光要为“人类生态”、“生命状态”这些流动的大命题捕捉一个便于安驻的直觉形式。广大观众正是通过这种直觉形式，使自己与艺术相融。

这种直觉形式，小而言之，是艺术方式，大而言之，是艺术中的人生方式。所有长篇幅的情节性作品只有通过“人生”这个载体，才能找到与广大素昧平生的读者的共鸣处，同时找到艺术作品通过“人生”与“人类生态”直接接通的途径。这也是上一章所说的**与天相生、与民相亲**之路。

论述人生很容易沦为庸常。这是艺术创造论最大的担忧。其实，无论是人类生态还是人生方式，都气度高远，只要找到一个合适的直觉形式，便是大匠之门，不容易沦落了。

为了作象征性的示范，我在这里要引入一首诗作。它为“人类生态”找到了一个最成功的直觉形式，很值得一读。

里尔克和他的签名

这就是奥地利诗人里尔克写一头在动物园栏杆内转圈的豹子的诗——

它的目光被那走不完的铁栏，
缠得这般疲倦，什么也不能收留。
它好像只有千条铁栏，千条铁栏后便没有宇宙。

强韧的脚步迈着柔软的步容，
在这极小的圈中旋转。
仿佛力的舞蹈围绕着一个中心，
一个伟大的意志在其中昏眩。

有时眼帘无声地撩起，
于是有一幅图像浸入。
通过四肢紧张的静寂，
在心中化为乌有。

这头豹子非历史、非政治、非道德、非科学、非学术，既是一种“人化的自然”，又是一种自然化的形式，冲击着人们的审美直觉。

这就像是有关艺术创造的一个动态定义。

第三章　人生意识

对于情节性的作品来说，“人类生态”的具体形式，就是一个一个的人生。

人生，这个最普通不过的概念之所以要在艺术创造论中郑重推出，是因为大多数艺术家虽然不能不表现人生，却总是只把它放在背景地位或次要地位上，造成普遍的本末倒置。

有人会说：这无非是在重申艺术要表现人。是的，但又不尽然。我们在这里不是一般地谈论人，而是在强调人生。

人生，是人的历史性展开，是人的动态发展流程；人生，是人创建自身价值的过程，离开了这个过程，也没有严格意义上的人；人生，是人自我选择的长链，离开了这条长链，便没有人的存在，更没有人的本质；人生，是人在客观世界中的履历，人因有这个履历而使自己具备了真实性；人生，是人的生命的具体实现，离开了人生而可以被独立谈论的人，只能是抽象的人，抽象的人也有研究价值，却很难成为艺术表现的主要对象。

在过去受机械唯物史观的影响只重视客观题材不重视人的情

况下，强调“文学是人学”，呼吁各种艺术对人的皈依，当然是重要的，但在艺术中，人总是呈现为一种感性展开状态。因此，艺术中的人，大多是人生化的。

与培根“艺术是人与自然相乘”的定义相比，“文学是人学”的说法只说了一半。“人”的“自然过程”，就是人生。

我发现，要说明白这个简单的道理很不容易。多数文学评论者还执著于单向的“人学”，都习惯于对作品的人物性格作静态解剖，结果从理论到创作，人物的性格概念远远强于人生概念。这种状态，很难适应历史转型期的生活现实和创作现实。

其实，**时间过程比静态结构**更为重要。如果说某个典型人物可以解析成一个有机组合的系统，那么，这个系统的来龙去脉是不能被斩断的。它在不断地自我调节着，甚至不断地破损和修复着。阿Q的性格系统已有学者作过细致的解剖，但我们需要记住的是，鲁迅并不是预先精确地设定了这个性格系统再进行写作的，而是把这么一个人投放到社会历史之中，让他走完他的人生历程，然后才完成对他的生存本质的确定。在文艺史上，一切写成功了的人物形象，虽然都有被静态解析的可能，但总是更明显地体现了艺术家的**过程意识**，亦即**人生意识**。

蒙娜丽莎

即便是不直接呈现过程的造型艺

术，也总是以瞬间来展示向往、憧憬和回忆，总是包蕴着时间上的趋向感，总是融解着人生意识。即以达·芬奇的《蒙娜丽莎》来说，人们当然可以静态地解析她的比例、肤色、丰韵、衣衫、发式、姿态、背景，但是，她的更为吸引人的魅力，在于她的神秘的微笑的由来和趋向。大而言之，她的魅力，在于她正处在自己重要的人生过程和历史过程之中。同样，中国古代绘画中无论是萧瑟的荒江、丛山中的行旅，还是春光中的飞鸟、危崖上的雄鹰，只要是传世佳品，都会包藏着深厚的人生意识。

现代不少艺术家已开始从热衷于描写性格及由性格派生的**行动**，转变为喜欢描写**行为**。**行动**常常是特定性格的必然结果，而**行为**则不同，可以有性格的因素，但更决定于人物的社会角色、年龄层次、地域风貌、现实境遇，因而，它对性格的反铸力大于性格对它的制约力。

在这种转变中，萨特存在主义的影响不可低估。其实就世界文坛而论，在萨特之前就开始了这种转变。

萨特

萨特不同意种种先验的决定论，主张从人的各种自我选择中，从人的行为系列来考察人的存在情况，然后再来裁定人的本质。这种观念，体现了一种与变幻无常的现代节奏相适应的人生意识，在我看来，是第二次世界大战结束以后最值得重视的精神建树。当然，这种精神建树也极大地改变了人们的艺术思维，特别是有关艺术中的人的思维。

其实，比萨特长一辈的法国学者型作家安·莫洛亚已经在《传记是艺术作品》中指出：

莫洛亚

> 也许，我们比古代的传记作家感到更迫切需要遵循时间的顺序，因为我们不像他们那样相信存在着永恒不变的性格。我们认为人的精神世界和种族一样是不断演变的。我们认为，性格是在与人和事件的接触中慢慢形成的。在我们看来，在主人公一生的任何时刻都和他相符合的性格是一种抽象的结构，而不是现实。

作为雨果、巴尔扎克、伏尔泰、乔治·桑、普鲁斯特的传记作者，莫洛亚正确地把性格常变关系与时代的变迁联系了起来。在古代，生活具有很大的封闭性和自足性，各人所担负的社会角色，远不如现代繁多。这样，即便有外来因素的刺激，也会以较稳固的社会角色意识加以处置，对性格的反冲击并不很大。**现代生活就不同了，社会生活的无限展示和快速变易，使各个人所担当的社会角色也处于无穷无尽的波动、更替之中，包括性格在内的人的整体精神状态，也不可能长久处于自我封闭的稳定方式内。即便稳定，也与变化了的现实构成了不同的比照关系，其实是一种更深刻的变异。**为此，现代艺术中这样的人物已经越来越少：他们到文艺作品中来之前，好像已经活过好几辈子，他们的性格牌号与他们的社会本质一起，不知在什么时候早已紧紧地套在他们的颈项下面。他们的出现，只是拼着自己的性格，与别种性格产生对峙和冲突，或者，像变古彩戏法一般，把自己的性格一层层地当众抖搂出来。

这种貌似稳定的性格构造，对于现代人而言，不仅是不可取的，而且是不真实的。

在美学上，人需要在他所创造的世界中直观他自身。如果没有一个被创造出来而称之为“人生”的流动的时空世界，就不可能产生这种观照。因此，人生意识，是审美意识中最基本的内容。

许多艺术实践家自觉不自觉地体会到了这一点。列夫·托尔斯泰，还有其他难以计数的艺术家都一再宣称，艺术，表现着对于人生意义的了解。这种主张当然也会受到曲解和攻击，1952年诺贝尔文学奖获得者弗·莫里亚克曾这样回答过一种曲解：

列夫·托尔斯泰

“您从来不写人民。”民粹党党员责备我说。

可为什么要强迫自己去描写几乎不了解的阶层呢？实际上，无论把什么样的人：女公爵、女资产者或沿街叫卖青菜的女贩，搬上舞台，几乎没有什么意义，主要是要了解人生的真谛。

《小说家及其笔下的人物》

艺术成就本身，早已证明了列夫·托尔斯泰和弗·莫里亚克的主张的正确。

莫里亚克

与老一代艺术家相比，现代艺术家空前强化的人生意识，使他们在艺术上作出了一系列更加引人注目的追求。我们可以从以下两个方面随手举出一些例子。

一　人生况味

现代艺术家一方面努力把作品中的人和事纳入人生的轨道；另一方面，更重要的，他们又从这些人事中超越而出，乐于在总体上品尝一下人生况味。

不再是分头表现某个人命运悲惨，某件事结局凄苦，不再是远远地欣赏英雄豪气或儿女柔情，不再是谨慎地划分人性的光明面和黑暗面。在现代艺术家看来，每一个人在自己的人生履历中都会与这些不同的滋味相遇，它们全都来自人生。人生的险峻在此，人生的美好也在此；人生的无常在此，人生的魅力也在此。正因为**人人都有可能遭遇**，因此这是艺术家把欣赏者拉入共同体验的聪明手段。

有的作品，让我们品尝了人生的苦涩之味，又立即告诉我们，这在所有的人生中都无可逃遁。这不是人生的偏门，而是人生的本味。

有这样一部现代外国电影，女主人公的丈夫因酗酒闹事，进了监狱，她一人在乡间撑持着家庭。一位独身的中年医生来到乡间休假，天天在湖上看到女主人公沉静蕴藉的绰约风姿。女主人公当然也发现了医生，这位无论在哪一方面都远远超越了自己丈夫的男人，而且显而易见，他正爱着自己。但是，他们无法再进一步靠近。雾的湖上，一次次交叉着他们摇船的身影，但两人都默默无声。他们的障碍是，女主人公的丈夫在监狱里。这在别人看来可能是一个离婚的理由，但在受到起码道德制约的女主人公和医生看来，这倒成了他们不能进一步接近的原因。他们谁也不想成为投井下石、雪上加霜之人。更何况，女主人公还撑持着一个家庭，她一旦离去，更大的悲剧将会发生。于是，他们终于在怅惘和遗憾中分手。哀怨苦涩的情绪，恰似画面上始终不散的浓雾。

湖畔

若就题材而论，这里

裹藏着许多常人不一定会遇到的偶然因素，如丈夫入狱、医生度假之类；但是，艺术家绝不是要我们仅仅去客观地观看一个罪犯的妻子的苦恼，或一位休假医生在爱情上的烦闷。他所渲染的苦涩带有人生的整体性：人啊，在能够爱、有权利爱的时候，总是太年轻、太草率，他们的阅历太浅，他们选择的范围太小，他们遇到异性的时机太少。因此，初恋初婚常常是不幸的，尽管人们的自尊心和适应力很快就掩盖了这种不幸。当然，他们终于会跨入能够清醒选择的年岁，可惜在这个年岁他们大多已失去了选择的权利。他们的肩上已负荷着道德的重担，他们的身后已有家庭的拖累，他们只能面对着“最佳选择”，喟然一叹，匆匆离去。

人生，有没有可能从根本上摆脱这种苦涩而尴尬的境况呢？似乎很难。即使是在遥远的将来，在更趋健全的人们中间，举世祝福的青年恋人仍然会是草率的，而善于选择的中年人仍然不会那么轻松地去实现自己的选择。谁叫人生把年龄次序和婚姻时间排列得如此合理又如此荒诞呢？因此，谁也不要责怪，事情始源于人生本身所包含的吊诡。只要进入人生，就会或多或少地沾染这个吊诡、这个悖论。

显然，看这样的作品，如果只是去欣赏某一地区某一类人的生活现实和精神风貌，实在是违背了艺术家们的初衷，也离开了作品本身所传达的实质性内容。它要让我们品尝的是人生的一种整体况味：极有魅力的苦涩。

有的作品，让我们品尝了人生中更为常见的一种况味——世态炎凉、人情冷暖。

中国传统的文艺作品中，颇有一些篇什涉及这种人生况味，但多数有着更为浓重的道德说教和消极感慨，结果，人生本体被湮埋、被耗损了。这样的作品流传于世，人们感动的仍然是它们触及活生生的人生的部位，但艺术家往往要让它们依附于一个政治事件，或者归咎于主人公们的立场品质。这就造成了艺术从未离开人生而又很少专门品味人生的常见局面。对此，现代艺术家渐渐醒悟，他们更愿意在人生历程和人情冷暖上多做一些文章，让其他背景性内容随之而转移，而不要产生本末倒置的现象。

又是一部外国电影。一位社会地位很高的著名音乐家与夫人一起驾车外出，车是夫人在开，不慎撞死了一位老妇。作为丈夫，音乐家很自然地代替夫人承担了法律责任。他自知要被捕，匆匆逃出几天，回乡去与年迈的父亲告别。于是，他潜身于人群、蜷曲于车站，潦倒不堪，品尝了与他以往的生活完全不同的落荒滋味。一个车站食堂的女服务员约略感受到了他与卑微处境不和谐的某些气质，尽力帮助他。此时，女服务员是他的恩人，但女服务员根本无法想象他几天前所过的那种高贵生活。这种因一个偶然的触因而构成的人生起落比照，本来就已经很有意思，艺术家更进一步，让落难中的丈夫又一次看到了他夫人的面容。夫人是国家电视台的播音员，当然处处可以看到她的面容。令人沮丧的是，她明明知道撞死人的是她自己，丈夫只是代她受过，她明明知道现在丈夫正在法网的边缘上掩颜奔突，去与老父作最后的道别，但她出现在电视屏幕上的面容却是那样安详平适。音乐家凝

这就是人生

《两个人的车站》

视着安置在公共场所的电视屏幕，愕然木然。这是他过去的生活、过去的家庭，仅仅几天时间，一切都变得那样遥远。他战栗了，面对着人生的乖戾。

他很快被判罪，到遥远的北方去服役了。长久没有夫人的任何消息。一天，看守警察通知他夫人来访，当他匆匆赶到指定地点而不见人的时候，忧心忡忡。他疑惑着夫人到来的可能性，而心头却有一丝另外的希冀：冒称“夫人”的来访。果然是车站邂逅的女服务员。他流泪了，又笑了，他知道，他在人生的绝路上又获得了新生，而新生的机遇，又来得那么怪异。第二天早晨，他没有及时赶到服役地，当“夫人”陪着他走近监狱高墙时两人早已筋疲力尽。高墙内，罪犯已在列队、点名，他的迟到，使警察们想到了潜逃的可能。但是，他不会潜逃，也不必潜逃了，尤其在今天。他与他的爱人，累倒在高墙外面，拉起了随手带着的一架手风琴。音乐家，又一次以音乐向人生报到。墙内的警察们宽慰地笑了，朝阳、晨雾、乐声，在一个最为人们所不齿的地方迎来了新的人生。

这个作品，没有像某些不失深刻的作品那样评判社会等级的差异、揭露法律的不公，也没有包含对其他社会问题的研究和探

讨，更没有让音乐家作什么沉痛的忏悔。对于前夫人，作品有所否定，但也没有流连于此。艺术家根本没有给这个不知感恩的风雅女人以更多的篇幅，完全不去表现她在丈夫入狱后的生活和考虑。因此，这个作品也没有注重于道德评判。

《两个人的车站》

传统的艺术家也许会指责这样的作品在情节结构上的散逸，你看：明明产生了丈夫与夫人之间的纠葛，这种纠葛产生的后果又极为严重，艺术家却轻轻地、早早地把夫人丢弃了；明明矛盾的起因是一起车祸，但既不表现法庭，又不表现死者家属；明明案情紧迫，正在紧张审理，却让当事人离逸千里返故乡……然而，这一切不是艺术失误，而是艺术家的故意追求。作品要表现的就是偶然性因素迭出的人生际遇，故意不关心除人生际遇之外的种种人事纠葛。因此，驾车酿祸之途，成了对音乐家前一段人生道路的了结；只身返乡之途，成了他体察人世冷暖炎凉贵贱善恶的岔道；而两人气喘吁吁奔向监狱高墙之途，则是一条在险恶中发现晨曦的新的生活道路。路，坐着汽车，坐着大车，迈着双腿走过的路，最敏感、也最透彻地体现了人生所能感受的温度。

《金色池塘》

西方现代不少艺术作品，从品味人生的伤感、寂寞、灭绝，到品味出其中的荒诞意味和滑稽意味。对此，不少受传统艺术观念熏陶时间较长的人感到很不习惯。

其实这样的作品更具有人生的深度。从根本上说，它们是在浓烈地传达一种作者感受到的人生况味。**是人生而不是社会，是况味而不是思想。**荒诞派作品中的主角，不是纯客观的观赏对象，往往包括作者自身；但又绝不仅仅是作者的自我形象，往往又包括着观众，包括着更广的人群。简言之，这些角色，大多是艺术家心目中包括他自身在内的人类总体生态的浓缩；怪异的剧情，则大多是人生过程的象征。它们以具体微观的展现方式，与人类生态进行着宏观联结。

有些现代艺术也体现了人生的另一类况味：和美、坚毅、报偿。美国电影《金色池塘》展现了一种极为美好的人生晚年。是谁给了这对老年夫妻以如此富有魅力的晚年岁月？不是他们的女儿，也不是社会福利院，更不是百万家私、飞来横财，而是人生本身。漫长的人生，使他们之间的关系已完全调适，调适到了天然和谐的地步。悠远的岁月，使他们世俗的火气全消，只剩下了人生中最晶莹的精髓。终点的临近，使他们再也无意于浮嚣的追求，更珍惜彼此的深情。于是，毫无疑问，最美好的馈赠，正是来自人生。

二 人生命题

在人生问题上，现代艺术家所跨越的步子，远不止上面这样的例子。上面这样的例子，也能容易见之于优秀的传统艺术家；他们更大胆的追求在于：**把一系列很难人生化的课题也一一人生化了**。

也就是说，现代艺术家的人生意识，对一系列非人生化的理念——历史、自然，以至政治、军事、经济等等，全都作出人生化的处理。

最有说服力的例子也许是两个横隔两千多年的同名剧本的比较。

公元前四百余年的古希腊作家索福克勒斯创作过一个著名悲剧《安提戈涅》，两千三百八十多年之后，法国现代作家让·阿努伊于1944年重写了这个剧本，基本故事没有太大改动，但人生意识却大为加强了。

这两者之间的对比有点深奥，因此必须先把故事交代一下。

这个故事的大体情节是：

国王克瑞翁宣布安提戈涅小姐已死的哥哥有叛国罪，不准下

索福克勒斯

葬，安提戈涅要埋葬哥哥而被捕，并被判死刑。但安提戈涅正恰是国王儿子的未婚妻，国王正想免去安提戈涅死刑时，安已在囚室中上吊自尽。国王儿子随之自尽，国王妻子也因失去儿子而自尽。国王面对着一具具尸体，后悔而茫然。

这出戏，表现了两种自成理由的理念的冲突：国王代表着国家的伦理力量和法律观念，安提戈涅则代表着另一种更为宏大的伦理力量，坚信兄妹手足之情的合理性，否定曝尸不葬的指令有违天下情理。这场冲突，也可说成是“王法”与“神律”的对立。在黑格尔看来，两方都有理由，又都有片面性。冲突使两方的片面性都遭到了挑战和否定，以各自的毁灭呼唤着一种永恒的正义。

这个故事到了20世纪欧洲艺术家手中就出现了另一种精神内涵。让·阿努伊**把“王法”和“神律”两种理念的冲突改写成两种人生哲学的对峙，而且又让这两种人生哲学归属于两个不同的人生阶段，这样，这场冲突就彻底地人生化了。**

国王克瑞翁成了随波逐流的人生哲学的代表者。他本来也爱好艺术和学问，并不追慕权势，由于一个特殊的客观原因，他不得已而成了国王。既然做了，总得像其他国王一样执法，尽管他本人并不想找事，也知道执法中有许多不光彩的事。他不是暴君，也不是明主，位居至尊而没有个人意志。他被动得像动物，而不会像人一样主动地来选择行动。他深知自己在处罚安提戈涅这件事上，扮演了极不光彩的角色，而被处罚的安提戈涅却很光彩。因此，他坦率地向安提戈涅述说了自己的苦恼，要安提戈涅不要与他过不去，使他更不光彩。他反复地劝说安提戈涅结婚、生孩子，做一个与大家都一样的女人。

安提戈涅则被现代艺术家处理成了敢作敢为、敢于掌握自己命运的那种人生哲学的代表。她的目标十分明确，即要以自由意志来战胜权势。她在哥哥下葬的问题上挺身而出，倒不是出于兄妹之情，而是觉得国王在玩弄权势，她要斗争到底。她不怕选择死，是因为她是自己命运的主人，是自由意志的捍卫者。她与国王的辩论，不是围绕着具体事件本身，而是围绕着两种人生哲学展开的。

现代艺术家还不满足于两种人生哲学的对照，而还想进一步，**认为任何重要的人生哲学都有可能出现在同一个人生中**。为了把国王与安提戈涅的两种人生哲学，统一在同一个人生系列上，现代艺术家又进一步别出心裁，故意在年龄层次上拉开距离并加以强调。他让安提戈涅这一角色变得儿童化，纤弱瘦小，处处保留着童年的习惯，天没亮就蓬头散发地跑到花园里去玩了，她带着童心爱抚小狗，准备赴死时只托别人照顾好小狗。她无所畏惧，但她还向乳母撒娇，在去埋葬哥哥尸体时用的还是一把儿童的小铲子。与她相对比，国王克瑞翁却是一种成年人的典型，成年与儿童的根本区别就是学会了妥协。国王自己也深知成年人的悲哀，因此对自己的小侍从说：“小家伙，永远别长大！”

至此，剧作不仅把两种社会理念变成了两种人生哲学，而且又把它们作了一体化处理，让世人领悟：每个人都会经历这两种年龄阶段，因此，**每个人，都会有敢作敢为的安提戈涅的时代，也都会走入妥协被动的国王的时代**。在让·阿努伊笔下，国王和安提戈涅的地位和身份是无关重要的，他力求让他们平凡化、普遍化，变得与各种人都很亲近，都可互相感受。结果，古希腊的这出著名悲剧，在20世纪便成了一个探讨人生底蕴的作品。从这个戏也可看出，现代艺术家要把漫长、复杂的人生融于一个作品中予以研磨，就不能不采用一些有特殊概括力的怪诞手法。要让这种研磨通过直观感性的形象体现出来，怪诞手法又可升格到整体象征的地步。

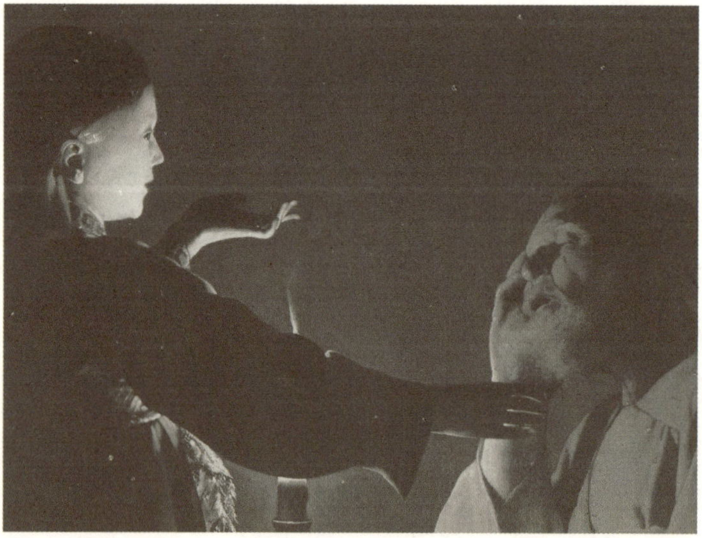

乔治·德·拉·图尔作品

历史，也可获得人生化的处理，从而使人类整体和个体互包互孕。人类的整体史与个体生命史有着深刻的对应关系，个体生命史是可以体察的，因此，一旦把历史作人生化处理，它也就变得生气勃勃，易于为人们所体察了。把历史看得如同人生，这在人生观和历史观两方面来说都是超逸的，艺术化的。

法国、意大利、阿尔及利亚三个国家在1983年合拍的电影《舞厅》，可说是这种追求的杰出代表。这部电影，通过一群舞客在一个舞厅里的长期交游经历，概括了法国半个世纪的历史。各种历史风波，让这些舞客承受；倒过来，人们也从这些舞客身上，看到了历史风波。人们从青年时代步入舞厅开始，就连续不断地跳，从法国的萧条跳到法国的复兴，从战火伤残跳到暮色苍然。半个世纪，法国像一个人一般走过了一段自然发展的路程，电影艺术家们就干脆让一组人生与法国历史相对应。半个世纪，一群舞客从20岁一直跳到70岁，象征着一个国家的现代生命史，悲怆、坚韧、幽默。

为什么非要用一组人的一生来表现法国历史不可呢？这是要着重地勾勒出历史本身的有机生命，描画出半个世纪的盛衰韵律。那么，又为什么非要有撑持半世纪之久的容量不可呢？这是要让历史显现出相对的完整性，呈示出一个自足的张力弓势。这个张力弓势正恰与人生的张力弓势合而为一，既显示出世界本身的神秘契约，又体现了艺术家有机整合的历史眼光。电影结束时，夜阑人静，舞厅关门，舞客一一离去，一片萧索景象。这群人都已老态龙钟、步履蹒跚，人生的大门，已经开始要向他们关闭；法国近半个世纪的历史，也是同样的形象。**观众心头一派寂寥，这是人生的感慨，又是历史的感慨。**

《舞厅》很容易使我们联想到老舍的《茶馆》。《茶馆》有许多令人难忘的真实历史场景，但它的艺术主干，仍然是一组以茶馆老板为核心的人生。演员于是之在演茶馆老板时，一直从步履轻健、手脚利索演到动作颤抖、言词木讷，其他角色也呈现出了极具沧桑感的重大人生变化。这一切，在某种意义上也体现了一个特定社会的历史形象。但是，《茶馆》基本上是通过现实主义的手法达到人生、历史同一化的；而《舞厅》由于所表现的历史时期和历史事件更加漫长和繁多，不得不借助于怪诞变形，处处得力于漫画化的特殊力度。

《舞厅》

当历史一旦变得人生化，常常会产生滑稽的效果。历史，只有当人们认真地沉湎于它的具体环节的时候，它才显得宏大而崇高，而一旦当人们腾凌半空来俯察它的时候，它被浓缩、被提纯、被嘲谑；艺术家进一步用人人都能经历的人生形态来比拟它，它只能是滑稽的了。滑稽，从观察对象而论，是历史本身怪异灵魂的暴露；从观察主体来说，是人们轻松自嘲的情怀的表现。

《舞厅》中的人物都是丑陋滑稽的。**历史胀歪了他们的形体，他们又要拉长了身子来裁量历史，他们不能不丑陋**。即便悲壮，也会因此而与滑稽结缘。请看那位军人，原是舞厅熟客，一场大战把他卷入，他把一条腿留在战场上，拄着拐棍又回到舞厅来了。他以一条腿跳舞，旋转自如，令人同情，甚至令人肃然起敬。但不管怎样，这个形象中总蕴含着无可抑制的滑稽，战火把他从舞厅中拔出，然后又还给舞厅，明明伤残得可怕，却又跳得起劲。历史，也就这样有趣地往还于战场和舞厅之间，欢乐、漠然、酸辛。他的独脚狂舞，正是战后历史的缩影。

堂吉诃德也因要肩负历史的重荷而扭歪了身子。现代艺术家继承和发扬这种传统，把历史的人生化推向了更高的水平。

那么，再来看**大自然的人生化**。

自然，早就被很多艺术家取来映照人生，而它本身也因此而获得人生化的处理。本来，在传统艺术中，自然物也只有染上了人生价值才有审美意义，在艺术实践中，许多艺术家则把自然看成了体认人生底蕴的一种借鉴。华兹华斯写道：

——我学会了如何看待自然，
不再像没有头脑的青年人一样。
我经常听到那平静而悲伤的人生的音乐，
它并不激越，也不豪放，
但却具有纯化和征服灵魂的浩大的力量。

人类原始艺术的神秘感，大多也出自于自然与人生的初次遭遇。时代的发展使这种神秘感大为减损，但是，只要让自然与人生真切相对，这种神秘感又会出现。自然的奥秘穷尽不了，人生与自然的复杂关系也穷尽不了。

澳大利亚电影《悬崖下的午餐》，表现了一所至今还受中世纪非人性禁锢的女子学校学生一次外出野餐发生的事情。女学生们从黑墙下脱身而出，渐渐摘下了手套、面网，与丽日清风、悬崖山岙相伴。这太有吸引力了，谁也不愿再回首后退。因此，突然间，女主角失踪了，在一片神秘的声响中，消失得不留一点痕迹。

她被谁抢去了？看惯一般写实作品的观众百思不得其解。其实，她是被山野吞没了，被一种新的人生的象征吸附了。她不愿重返黑墙之内，因此便天遂人愿地消失在自由的旷野里。她当然不可寻访，一切走向崭新人生的人，都是原先生活轨道上的同伴所不可寻访的。新世纪的新生活，就是山风阵阵的悬崖，就是乱石处处的山地，它拉走了整整一代人，全都失踪在它神秘的怀抱里。在上一个世纪的眼光里，他们遭到了不幸的毁灭，但在这个世纪的眼光里，他们却是新世纪的公民。这部影片，巧妙地把远离都市的自然界，当做一种新的人生的象征，它有手，有力，能够把人拉走，专拉那些怦然心动的人。

把自然、历史、人生融于一体的佳作中，特别耀眼的是美国导演科波拉的影片《现代启示录》。

在越南战争中，一位叫威拉德的美国军官奉命去访察另一位美国军官库尔兹在湄公河上游丛莽地区的所作所为，因为有消息证明，库尔兹在那里杀人如麻、嗜血成性，建立了野蛮的原始统治。威拉德一行溯江而上，遍地战火，触目凶残，自身的兽性潜能也渐渐被激发起来。因此，等到最后找到库尔兹，这一行人实质上自己也已成了库尔兹。威拉德遵照预定计划杀了库尔兹，其实也就是杀了自身的另一面。导演科波拉自己解释说：

《现代启示录》

> 这部影片有些特别的地方，它说的是一个人逆流而上，最后看到了自己的另外一副面孔。事实上威拉德同库尔兹只是一个人。一个人溯江而上追寻那个已变成疯子的人，结果他找到那个人的时候，发现他面对着的是我们人人身上都存在的那种疯狂。
>
> 《〈现代启示录〉简史》

值得注意的是他们这一行程的多层次含义。第一层，自然意义上的逆流而上；第二层，人生意义上的逆流而上，即人们因诱发了恶而走向兽性人生；第三层，历史意义上的逆流而上，即人类的集体倒退造成了历史的倒退。

在这些层次中，最有艺术感染力的还是第二层次，因为有了它，自然才有了人性，历史才有了感性。

当艺术家对人生作了总体概括，并把它与自然和历史相对应的时候，人生也就摆脱浅表层次而趋向了哲理化。**对现代艺术家来说，人生意识与哲理追求是相依为命的。**

就此，我们必须专门来谈谈哲理的问题了。

第四章　哲理品格

一　从整体到哲理

不管有多少理论家一再表示抵拒，现代艺术无可掩饰地从各个方面显示出了自己的哲理品格。

1968年，法国龚古尔奖的获得者、著名作家彼埃尔·加斯卡在《论长篇小说》一文中指出：

> 简而言之，对于长篇小说来说，从研究心理的“怪事”过渡到人的哲理概念——处在他的时代的自然环境中的人的哲理概念——的时代已经到来了。

1986年，中国科学家钱学森对文艺理论和美学发表意见，再一次重复了他早已申述过的意见：

我以前讲过，在艺术里最高的层次是哲理性的艺术作品。

许多艺术理论家抵拒哲理来访的理由之一，是害怕它会涵盖一切层次，而他们的审美经验对它还比较陌生。其实，不管在哪一个时代，直到遥远的将来，艺术也不会以自己的最高层次推向全民，更不必担心有了最高层次就会取消了其他层次，因为没有其他层次也就无所谓最高层次。在当代，人们对哲理性艺术的呼吁和实验，是为了在我们原先过于单一的艺术领域增加一些层次，而不是用一种新的单一来取代旧的单一。

艺术理论家抵拒哲理来访的理由之二，是以为它会以一种教条式的逻辑形态或宣讲形态出现，而这种形态早已取厌于广大读者和观众。其实，这是一种以误解为前提的抵拒，包括对19世纪以后的世界文艺史的模糊。**哲理性强的作品大多是寡言的，甚至全然沉默不语。**

艺术理论家抵拒哲理来访的理由之三，是断言中国观众不会自动去购买思考的艰辛。其实，这又是出于对思考的单一化理解。艺术的思考，不是哲学论文式的思考，不是智力游戏式的思考，而是意会，是神交，是顿悟，是心有所感而不必道之的那种境界。**审美活动是人类自由的表征，艺术的思考是一种饱含着自由愉悦的思考。哲理性的艺术为这种自由和愉悦提供了一个契机，人们**

进入与否，进入深浅，都取决于自身的审美内驱力，而不必苦恼地承担义务。

艺术哲理的本质，是在审美意义上对人生意蕴的整体性开发。

在遥远的古代，原始人也曾产生过浩茫混沌的整体感。后来，随着社会生活的复杂展开，分工渐细，这种整体性就逐步消退，致使后来人类艺术气韵上反不如早期人类。

在大变革的时期，例如欧洲的文艺复兴阶段，人们要换一副全新的眼光来打量世界和人生，因此又会产生整体感和哲理性。到了19世纪末、20世纪初，这种情况有了根本性的改变。人类在各个学科领域快速推进，使得重新从整体上认识和把握世界，既具备了必要性，也具备了可能性。星系的秘密、地球的构造、物质的组成、时空的奥妙、生态的平衡……都被列入重新研究的范畴，而每一个问题都不是局部性的。在这样的时刻，人类在某种程度上又体验到了早期人类空廓、天真的心态，萌发出对一切“常识问题”重新追根刨底的犟劲。这种势头，正是现代艺术呼唤整体性哲理的精神背景。**呼唤自古至今的“整体性哲理”，其实也就是呼唤钱锺书先生所说的“天心”，或者说，呼唤足以统领大千世界、人性世界的“神性”。**

这种超越性精神探索的势头，在19世纪末已有多方面的成果。挪威剧作家易卜生就是这种势头的明显体现者。他以《玩偶之家》、《人民公敌》等作品深刻地表现了当时社会中一个个重大问题，产生过广泛的社会影响。但是，不少现实主义的文艺史家总是深表遗憾，认为他的这些优秀作品产生于中期，而前期、

易卜生

易卜生漫画像

后期则因“象征主义”、“神秘主义”而逊色于史册。其实，这种评价很不公正。易卜生的前、中、后三期，实际上是他对生活的整体把握和局部把握的轮番试验。这种试验之所以犬牙交错，是因为时代交付给了他多种动力和多种可能。**要整体地把握生活，必然有哲理追求，因而也就必然要采用象征手法**；整体把握总是难于穷尽的，因而又难免神秘和悲观。基于这种认识，我们理应给他的《布朗德》、《培尔·金特》、《野鸭》、《建筑师》、《我们死人醒来的时候》、《海达·高布乐》、《小艾友夫》等作品以更高的评价。这些作品对世界和人生作了整体探索，因而失去了某些痛快干脆的现实主义风致，但20世纪的后起艺术家们却愿意更多地汲取这些作品的艺术经验。总之，我们不能把世称“现代戏剧之父”的易卜生身上真正散发出来的现代意识，判为瑕疵。前些年，当《培尔·金特》在我国上演的时候，许多“谙熟”易卜生的戏剧家惊叹发现了“另一个易卜生”。易卜生处于两个时代、两种精神的交替期，因而像一切处于历史交替期的巨匠大师一样变成了两个易卜生。后面那个易卜生，就是因整体象征而抵达了哲理。

稍稍晚于易卜生的瑞典艺术大师斯特林堡，很不喜欢易卜生的《玩偶之家》，但易卜生却仍然宣称："他将比我更伟大！"斯特林堡被后来名重一时的尤金·奥尼尔称为"现代派中的现代派"，重要原因是他强化了易卜生对世界和人生的整体性探索。他写于1902年的《一出梦的戏剧》，可谓这种整体性探索的代表。

《一出梦的戏剧》有利于我们认识整体性探索的努力，不妨略作分析。它的情节主线是这样的：

天神的女儿站在云端往下俯视，对宇宙中最黑暗、最沉重的球体产生了兴趣，于是下凡入世，张着惊讶的眼睛处处察看。她看到一个昔日的芭蕾明星被情人遗弃，成了劳累的剧院看门人；她看到一个手捧玫瑰的军官在剧院门口苦等情人，已整整等了七年，玫瑰早已枯萎，衣衫褴褛不堪；她看到一个相貌丑陋、受尽磨难的穷律师，因体察民情而受人侮辱，她试着与他结婚，结果极不幸福，体会到人间的爱情既美好又痛苦，人间的婚姻既高贵又低贱；她看到农村中有一对普通的姐妹，妹妹到城里花天酒地，回乡时受尽欢迎，姐姐在家

斯特林堡

中辛苦操持，倒天天要去教堂忏悔；她看到舞会上一个相貌不佳的姑娘无人相邀，只能眼睁睁地望着意中人与别的姑娘跳舞和出游，但须臾之间，出游的一对幸运儿遭难沉海……一个诗人知道她是天神的女儿，请她带一份请愿书给天神，其中述说对人世的抱怨。天神的女儿深感生存是人间最大的痛苦，虽然她此时已做了妻子和母亲，不忍离别，但还是咬咬牙回归上苍。她走进一座城堡，在焚烧的烟焰中归天，城堡顶上开出一朵巨大的菊花。

这样一个作品，无疑是与传统的艺术观念颇相抵牾的了。它散漫怪诞，如梦幻，如寓言，没有一个凝练的故事，没有一组集中的人物，洒洒落落，全然体现了艺术家要整体性地把握人类生活的宏大意图。他要表现的，不是哪一个突出的社会问题，他要塑造的，不是哪一个具体的典型形象，他要把“宇宙间最黑暗的星球”全盘端起，他要站在凌驾人世的高度来俯瞰茫茫人世。于是，他锐意伸拓，不拘一格，贯串全剧的只有一种整体意向，那就是哲理性的困惑。

我们前面提到的易卜生的《培尔·金特》也有类似的特征，它以放逸的长卷，描画了培尔·金特这个浪子奇险的一生：流氓行径、山怪蛊惑、权位欲求、掮客生涯、占卜门道、豪华气派、精神错乱、年迈返乡、杂草庭园……直到最后与忠贞的妻子团聚，才真正恢复理智。如果说，斯特林堡《一出梦的戏剧》是从空间广度上达到整体把握的，那么，易卜生的《培尔·金特》则是从时间长度上获得了整体把握。斯特林堡意在囊括世界，易卜生意在囊括人生。对人生作出哲理性思索，也就凭借着这种整体囊括。

易卜生在自己的青年、老年时代偏向于整体哲理，而在中年时代偏向于社会问题，这个现象本身或许也具有象征意义。无论是个人还是人类整体，童稚时代和历尽沧桑后的回归期常常能首尾相衔，对世界和人生的整体意义产生惊讶和回味，而中年时代则有清明的头脑和充沛的精力支撑着，沉湎在社会问题的海洋中，搏风斗浪，自以为勇，自以为乐。20 世纪的人类，也许已经抵达历尽沧桑后的回归期，再让他们在审美领域认认真真地陷于具体屑小的人事波澜，已不太乐意。

易卜生、斯特林堡和其他一批杰出的艺术家如梅特林克等人，在 20 世纪初期开启了哲理艺术的先河，但他们来不及构筑巍然大厦就溘然亡故。在 20 世纪品类繁多的艺术天地中，他们的追求并没有很快蔚成风气。因此，哲理的追求只作为艺术领域的一脉，时宽时窄、时深时浅。但它毕竟灌注了现代意识，因此，越到后来，它的响声越大，它的河床越宽，它的归附者越多。

我们不妨仍取几部有影响的电影来进行比较。

二　传统名作的现代困境

一种较为普遍的感受：美国三四十年代拍的一些史诗式的巨片，现在看起来觉得冗长、疲顿了。例如根据玛格丽特·米切尔著名小说《飘》改编的电影《乱世佳人》，优点不少，但在今天要使人精神饱满地从头看到底却已不大容易。此间最根本的原因是**影片过于执著于历史，执著于剧中人的自身感情，而缺少一种让今人也能感受和憬悟的哲理**。观众长时间地追随着一个早已逝去了的历史事件，追随着一群人的颠沛流离。

缺少普遍意义的情感再长再深，也未必会使许多人产生感应。《乱世佳人》中女主角斯佳丽对艾希礼生死不渝的感情，对观众来说是缺少亲切感和说服力的，因此只属于剧中人，或者更大一点，只属于历史。

1998年美国发行的《飘》的邮票，票面上是该书麦克米伦公司1936年初版本

但是，就在这种总情势下，我们却也能发现某些具有哲理性的亮点。例如，斯佳丽历尽艰险之后才明白自己所深爱的艾希礼是一个无所作为的懦夫，这很能让人同情，原因是这里埋藏着一些普遍性的哲理因素。**追求的行程和追求的目标突然脱节了，于是以前的追求越是执著就越是显得荒唐和滑稽；如果这是人生情感路途上的寻常现象，那么这也就是人生本身的一大荒诞**。从这里，现代艺术家是可以大有发挥的，但按照《乱世佳人》的结构，则只能匆匆掠过。

此外，与艾希礼相对照，观众看到，那个令人十分厌恶的白瑞德却是一个时代的强者。**恶，在乱纷纷的时代傲然挺立；善，却在这个时代萎弱衰退**。心地光明的女主角，把人生与爱，交付给了一个心造的幻影，把仇恨与蔑视，交付给了一个乱世英雄。于是，**道德准绳背后牵连着巨大的遗憾，历史车轮的近旁杂卧着难割难分的善与恶**。这里，也会展现出让人深有感悟的内容，但《乱世佳人》也只能一笔带过。

1922年的玛格丽特·米切尔

有人说，这些理性概括只是看电影之后产生的体会，哪能成为电影本身的格局？

现代艺术的哲理追求正要以这种理性格局来处置情感形态和故事形态。这便要求作品从结构上更有意识地导向情感逆反的涡流，并对这个逆反的涡流细加审察；这还会要求作品动用象征和诗化情境，来点化这种逆反的意蕴。这些努力，实际上都直接导向了哲理。**美国的南北战争即使对美国人来说也该是遥远生疏的了，只有哲理，才能使遥远的故事焕发出普遍魅力。**

当代人重拍斯托夫人的《汤姆叔叔的小屋》时也遇到了《乱世佳人》同样的难题。根据著名的小说拍电影，如果这部小说又是历史过程感很强的写实小说，那真会给电影艺术家带来不少麻烦。《汤姆叔叔的小屋》在基本结构上一时难于大动，但现代艺术家拍摄时却明显地留下了一些叩发哲理的部位，例如在表现老

斯托夫人

黑奴汤姆与主人的幼小爱女的交往时，给他们一个神圣的、童话般的空间：怪异的树伸向怪异的天，水边亭榭中，种种语句一如天堂里的对话。人性的温煦可与神性接通，而神人接通的场合又那样神秘莫测。老人与女孩用天真的语言、纯爱的举动低唱着人生的赞美诗，呼吁着人性的归复。但是，这两位热情的歌手很快都泣血殒命，人性的世界只剩下了残叶秃枝，归于寂寞。

这些部位，在影片中虽然是局部、零碎的，却反映了现代意识的强烈浸染。有了这些部位，也就有了哲理的片断踪影。反对种族歧视的意蕴，虽然也不小，但无论如何有着明显的**时间局限和地域局限**。艺术家反对种族歧视的立足点则要高得多，是对人性的崇尚，是对苍然天宇下一切人具有平等价值的肯定。这一些，足以光照更广大的人类时空领域。黑奴、女孩、怪树的意象组合，**给这种普遍哲理赋予了一种蒸馏形式。**

《汤姆叔叔的小屋》插图

这就是我们所推崇的**哲理部位**。黑格尔在《美学》里反复呼吁过的普遍性意蕴，一旦挣脱绝对理念的束缚而面对人生，便成了现代艺术家苦苦追索的哲理。

现代哲理的追求和传统情节的追求是有矛盾的。**哲理求普遍、求整体，而情节则求具体、求局部。**普遍意蕴在获得情节性体现方式的同时，也就受到了情节的局限。传统的情节，常常被经营成一个紧凑严密的小世界，当这个小世界要来表现大思想的时刻，大思想也就被小化了。一些拙劣的作品则让思想戳露在这个小世界之外，结果，小世界被捅碎，思想本身也尖利可笑，两败俱伤。因此，有一批艺术理论家长期呼吁思想相对于情节的隐潜性，努力维护小世界本身的完满和谐，并在这个前提下来自然而然地提高它在思想意蕴上的浓度，达到情节的典型化。但是，这并不是解除这一困境的唯一出路。

美国电影《魂断蓝桥》让我们看到了传统艺术的这种有趣困境。

这无疑是一个颇为精美的作品，但如果由现代电影艺术家来处理，一定会更加注重滑铁卢桥——这个象征着战争，也象征着人生津渡的理性构件。女主人公在躲避一次空袭时初次在这座桥旁认识了自己的爱人，这时，这座以一场历史性战争命名的大桥，竟显现出温柔之态，为他们的冒险组合提供了特殊机遇。但是，不久之后，战争露出了本相，爱人上了前线，很快又传来死讯。她又穷又饿，开始卑贱的卖笑生涯，又是在滑铁卢桥，她第一次向一个陌生的男人艰难微笑；最后，并没有战死的爱人回来了，她自感已不配享受巨大的幸福，仍然在滑铁卢桥，投身于隆

《魂断蓝桥》海报

隆开过的军车底下……这时，滑铁卢桥最终显示出了它的全部冷漠和狰狞。整部电影中三次呈现的滑铁卢桥，英国的荣誉之桥，静静地展现出自己的可怕意义，荣誉的可怕意义。这便是哲理构架，《魂断蓝桥》的深刻性与普遍性，大半来自于此。

为了在这个复杂的理论问题上进一步作实例解析，我们不妨再耐心地看一看这部电影的另一个构架，那就是围绕着女主角与她未来的婆婆产生误会的传统情节构架。这个传统情节构架初一看是整部作品最引人注意的部位，其实细加推敲却是比较浅薄和脆弱的。

女主角为什么会沦落到衣食无着、走投无路的狼狈境地呢？因为她与她未来的婆婆克劳宁夫人的初次见面极其失态，引起了克劳宁夫人的不悦，拂袖而去。之所以失态，是因为她在见面前突然看到了误传爱人阵亡的噩耗，但克劳宁夫人当时还不知道。以后的情节线告诉观众，如果没有婆媳间的这次小小误会，女主角完全用不着卖笑，因为克劳宁家庭不仅极其富有而且深明大义、开通豪爽，绝对会把可怜的女主角裹入自己保护的羽翼。那么，以后的悲剧也就不会发生。因此，就情节线而论，婆媳误会当是全剧的“戏眼”，是以后全部悲欢离合的派生点。但是，**这个误会发生得太勉强了**！它之成立，必须符合以下这些偶然性极大的条件：

1. 误传的消息，只能让女主角看到，而不能让婆婆得知。而在一般情况下，当然应该会是阵亡者的家庭和母亲先知道。

2. 在发生误会的当口上，女主角必须是失态而不是悲伤，甚至必须不流眼泪，因为只要一露悲色就会引起婆婆的立即离去。

3. 更不能向婆婆说破。在正常情况下，婆婆年岁不大，精神健朗，并不存在害怕她受不住刺激而出意外的问题，说破的可能是极大的。更何况，婆婆已经说明，她现正在把自己的别墅改成伤兵疗养所，因而她对伤残、流血、死亡是有充分的思想准备的。

《魂断蓝桥》

4. 宽厚爽朗的婆婆也要突然背离自己的性格逻辑。她远道而来，竟一言不合而佛然离去。她目睹姑娘的怪异神色而不作深入追询。她深信自己儿子的选择，而又被一时的表象所左右。她走得那样匆忙，匆忙得失去了礼貌。

只有当以上这些苛刻的条件同时存在，那个误会才能成立，那个悲剧才能成立。于是，我们看到，这个深挚的悲剧，竟然悬挂在一根脆弱的游丝之上。

观众的审美感受也会验证这个分析。当电影拍到女主角和生还的爱人一起到豪华的庄园去看望宽厚的婆婆和可爱的家庭时，观众一直在为女主角遗憾，遗憾她和婆婆当初在咖啡馆都少说了一句话。这种遗憾之感，来自于**影片在情节上过于偶然性的处置，却能造成对于所表现的深刻社会悲剧的分量减轻**。无论如何，这在内在意蕴的表达和领受上是一种损失。

我们不是在吹毛求疵地指责早在几十年前拍摄了一部精致的影片的电影艺术家。我们只想说明：《魂断蓝桥》与许多作品一样存在着两种结构，而传统情节性的结构是会在很大程度上吞食现代哲理结构的。一个悬挂在无数偶然组合的游丝上的悲剧，与以滑铁卢桥所层层展现的冰冷哲理成果产生了明显的矛盾。

这种矛盾，由艺术本身的悖论所滋生。**艺术不能不概括，又不能不具体**。当人们走通了由具体表现概括的典型化路途之后，又发现了其间的矛盾并未全然消除。**电影艺术家深知，把对一场战争、无数场战争、人类历史上的一切战争的思考，完全押入一个纤巧弯曲的情节之中，必然会耗损掉大半深刻性和严峻性，因此求援于哲理化的象征，求援于大铁桥**。《魂断蓝桥》由此产生了魅力，也由此留下了矛盾。能不能让普遍性的意蕴耗损得更小一点呢？能不能让哲理构架的效能发挥得更大一点呢？现代艺术家在苦苦思索、辛勤实验。

苏珊·朗格在《艺术问题》这本著作中指出：

> 艺术家表现的绝不是他自己的真实情感，而是他认识到的人类情感。

《法国中尉的女人》

这种人类情感，既可以称之为**哲理化的情感**，也可以称之为**情感化的哲理**，是构成现代艺术的重要质素。

它不表现为对某种悲欢而流出的眼泪，对某种不幸而产生的激动，而常常只是变成一种**淡然漠然而又宏大无比的情绪性体验。**

基于这种整体要求，现代艺术家渐渐不再像《魂断蓝桥》那样只是在部件上、片断上输入哲理，而是以整体构架来直接通达这种追求。这就把事情做得更彻底了，与前面这些让人疲倦、又十分勉强的作品有了根本的区别。

三　艺术哲理示范

还是取一些电影来分析为便。

英国电影《法国中尉的女人》以一种巧妙的结构方式呈现了一种整体性的哲理追求。男主人公原与一位名门闺秀订婚，后听到镇上有一个极不检点的女人，据说曾与路过的一位法国中尉同居，至今仍然每天面对着大海思念着对方。男主人公好奇地注意她，最终竟爱上了她。但是，在他们俩感情发展的过程中他发现，她并没有一个真正的法国中尉，过去她只是利用了一个谣言在将错就错地进行着封闭性的情感追求。在表现这个故事的同时，影片还穿插了扮演男女主人公的男女演员在拍摄过程中萍水相逢的恋爱。这样，这部影片实际上比照性地呈示了四种恋爱、婚姻方式：

第一种，门第性的婚配，男主人公一开始就置身其间；

第二种，浪漫色彩的爱情冒险，男主人公与“法国中尉的女人”的艰辛恋爱便是如此；

《法国中尉的女人》

第三种，“法国中尉的女人”的精神恋爱，以自我封闭、自我陶醉为特点；

第四种，现代青年的急速恋爱，演男女主人公的演员，现身说法地表现了这种恋爱。

这四种恋爱方式，很自然地并列开来，构成了在一个人生根本课题上的历史性整体比照。

这种结构中虽然也包含着情感性的内容，但一切具体情感都服从着历史性的整体比照，观众观看之时，很难为其中哪一种婚姻恋爱方式中的某某人而流泪，却会**从根本上勾起对这些人生极大命题的历史沿革的遐思**。这种结构与艺术家的哲理框架，基本处于同构状态。

法国电影《罗拉·蒙苔丝》的哲理构架，由交错比照归于凝聚，理性成果比《法国中尉的女人》更显豁。

蒙苔丝是19世纪前期欧洲著名的交际花，交结王公贵胄，出入豪门宫宇。1848年大革命后靠山倒下，她只得沦落风尘，最后甚至在马戏团献艺。极富极贵，极卑极贱，并于一身，这无论于历史还是于人生，都是颇具哲理意味的。影片如果按照自然的时空顺序叙述蒙苔丝的一生，观众看到最后也会产生一些沧桑感，有些善思的观众也许还能领悟到其间的哲理意味。但是，这对现代艺术家来说已不能满足了。

让观众自己去领悟，而不是靠艺术本身来勾勒，这很可能造成大多数观众的迷失，而且在这种情况下，艺术家对哲理意味本身也不能酣畅地发挥。为此，现代电影艺术家打破了自然的时空顺序，让今日蒙苔丝浓俗的马戏油彩与昔日蒙苔丝雅洁的贵族装束交替出现。最后，又把所有的对照集中于一个场面：老板竟把蒙苔丝放在千百人面前展览，要她展示自己过去表演过的色情节目，任人盘问隐私，甚至把她关在木笼中，让观众中的男子依次来吻她的手，收价每人一美元，因为过去豪绅巨富为此一吻不惜千金……木笼外排起了准备吻手的长队。至此，对比已经不再以交替的方式出现，而是强烈地压缩成一体，近乎表现主义的形态，达到了很高的哲理体现水平。这个关在木笼里的昔日美人，是一部荒诞的欧洲历史，是一场酸楚的人生梦幻。她被世界嘲弄，但她也在嘲弄世界。她被排着队的人吻，她是低贱的；人们排着队吻她，比她更低贱。历史使她变得古怪，她也使历史变得古怪。相对于升沉荣辱的她，社会是冷静的；相对于木笼外沸沸扬扬的社会，她是冷静的。

这部影片告诉我们，**理性构架常常会导致带有怪诞色彩的凝聚**。在这种情况下，怪诞，便是哲理的蜕形。

类似的带有怪诞色彩的哲理构架，我们在其他许多现代艺术作品中都能找到。法国 1980 年拍摄的电影《女银行家》，是一部纪实性的传记影片，照理很难输入这种理性构架了，但电影艺术家还是尽到了自己的努力。

影片交付给这个纪实性的传记故事以一个处处逆反的哲理罗网，并不惜以怪诞来强化这种哲理。例如：

1. 这个影片记述了20世纪30年代法国一个平民出身的女银行家的生平，她在复杂的政治风浪中保持了自己的信用和人格，却仍然受到政治势力的挟持和暗杀。作为整部影片前提的一个逆反背景，黑白纪录片不断穿插着法国最高政治领域的权力更替。一个个须发皓白、年高德劭的大臣、部长乃至总理，一次次挥手登台，一个个狼狈下台。就在这种动荡变幻中，一个离高层政治生活不啻千里之遥的贫寒女子，却保持了令人惊讶的稳定。她办银行，局势再乱也维持住百分之八的年息，即使入狱也不作更易。这是一大逆反：本来，最稳定的应该是大理石大厦内的政权，应该是道貌岸然的男性世界，最不稳定的应是金融牌价、小本经营、柔弱女性。影片把这一系列常例，作了一次彻底的大颠倒。

2. 但是，女银行家自身也遇到了一系列可怕的逆反。吹捧过她，并引起了她热恋的一个青年政客，结果成了她的劲敌。这个青年政客的妻子，本应是她的情敌，但由于她们在对峙和窥测中获得了明净的沟通，结果倒成了她最可信赖的朋友。她为了生存而利用经济情报，坚信被别人收买了的人她也能收买，但却忘了那人被她收买之后又会被别人收买，结果她也由此而不能生存。总之，她因逆反规律而成功，又因逆反规律而失败。

3. 影片中最大的一个逆反，表现在女银行家的小儿子身上。这个孩子还那么年幼，一直很少说话，只用一双深深的眼睛默默地看着这一切。甚至，连妈妈的情感纠葛，都敏感而又冷静地观察着。最后，当青年政客因背弃女银行家而身败名裂，要当着这位小男孩的面跳楼自杀时，小男孩淡淡而不失礼貌地嘲讽了他，又淡淡而不失礼貌地劝他不要跳楼。当青年政客果真跳楼时，小男孩既不阻止也不惊呼，仍用深深的眼睛、漠然的表情看着这个无价值的生命的了结。这时，观众都能发现，小男孩简直近于上帝。直到女银行家被刺之后，一片嚣乱中，唯一有效地控制着局面、保护着受伤母亲的，仍然是这个小男孩。至此，艺术处置已近于荒诞，但哲理框架却突兀而出。小男孩成了一种能够构成对纷乱世界傲视和评判的哲理造型，大大提高了整部影片的哲理品位。

由于上述这几层逆反，一部本应贴伏在历史事实土壤上匍匐前进的纪实性传记片，有了跨越时空的艺术力量。

有的艺术作品，输入的哲理结构并未通达怪诞，但由于全部表层情节都与这种内在的哲理结构相对应，也可以取得整体效果。美国电影《转折点》便是一个例证。

两个芭蕾女演员都有可能成为首席明星，但一个早恋早育，另一个就在没有竞争对手的情况下名播遐迩。十数年过去了，两人构成了判若霄壤的差别：一个是乡镇家庭妇女，一个是红得发紫的艺术家。她们又见面了，滋味无可言表。但就在这时，早恋者的那位女儿作为芭蕾新星一举成名，压倒了当年战胜妈妈的人。

这样一个故事，本身并不见出色，很可能被处理得平庸世俗，但现代电影艺术家的兴趣不在表层情节，而在与这个情节相对应的内在哲理构架。生活是复杂的，一个人不可能只是失去，也不可能老是得到。谁都会羡慕别人，谁也有值得别人深深羡慕的地方。失去的最高点，常常正是“转折点”。影片不是让一个故事完整呈现后再让人品味出这种意味，而是让故事围着这个哲理转，让哲理成为轴心，成为枢纽。

为此，影片让故事展开在两人的不期而遇之后，紧接着就是这两个昔日的同行、朋友、敌手在久别重逢的温和气氛中叙旧、窥测、忌妒，一直发展到歇斯底里地互相扭打。这场扭打，积聚了十数年，说不上有什么矛盾，更找不到挑唆者。真正的“挑唆者”只是无情的生活逻辑。两种生活轨迹汇于一处，只能冲撞，只能扭打。

但是，观众看到，刚一扭打，像有上帝君临其间，她们又立即明澈了。她们喘息着、颤抖着，一起皈伏在生活哲理面前。她们甚至笑了，笑自己，笑对方，笑生活自身的固执旋律。情感让位给了哲理。这场迅捷爆发、迅捷解除的冲撞，完全是一场以哲理为归附的冲撞。

在欢庆芭蕾新星成功的声浪中，做妈妈的看到，在漆黑的前台，有一个人面对着空荡荡的观众席出神，她知道，这是被自己女儿刚刚战胜的自己的昔日朋友。她轻轻地走过去，两人偎依而立，她们又构成一体了；身前，是早已离去的观众，身后，是后辈成功的喧闹。这是一代人的塑像，也是所有人都会遇到的生命转折点，她们一起站到了同一个转折点上。

于是，我们看到，作为影片标题的转折点突然深意别具，它既是两人互逆的成败更替转折，又是两人共同的生命盛衰转

洪特霍斯特作品

折。这种两维转折，使影片的哲理更趋丰厚了。这哪里还仅仅是两个芭蕾演员的故事呢？

在观看《转折点》这样的作品的时候，观众会对剧中的哪个人表示特别的同情呢？很难回答。艺术家没有提供单程情感索道，种种情感性因素都被哲理的总体构架晕化了。但是，观众获得的又不是一个简单的逻辑结论，而是一种感悟。

艺术进入哲理的领域，也是人类在审美领域的一种整体性超越。这种超越驱使艺术家与无数读者、观众一起观照人类整体，从而提高人之为人的精神自觉。

第五章　未知和两难

一　平庸作品验证常识，伟大作品探索未知

艺术的哲理追求，也就是用艺术手段燃起人们探索未知领域的欲求。艺术家自己也未必知道最终答案，他们只是诚恳地与读者和观众一起研究。

“天心”是神秘的，“神性”是高超的，人类怎么可能轻易把握？“人定胜天”的豪迈精神之所以日显虚假，还在于它掩饰了人类渺小和无知的事实。在这一点上，艺术家越想靠近“天心”和“神性”，就越会感觉到未知世界之大，两难境地之多。

这样，艺术哲理的整体性，必然同时包含着吊诡重重、未知重重的开发性。艺术要求整体把握的欲望太强烈了，但是，**要求整体把握的欲望必然会带来对那些不能把握的部位的迷惘。**

艺术创造是一个动态活体，它不能不长久地与许多非明晰的

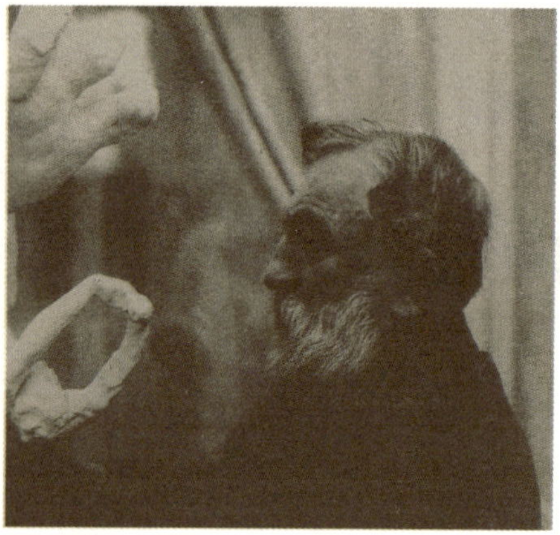

罗丹

因素相伴随。永远明晰，永远预定，永远在已知的轨迹上打圈，就构不成深刻意义上的世界和人生。

据葛赛尔记载，有一次，罗丹谈到了艺术的永恒的理性和无限的神秘的关系，他随口背诵了雨果的一段诗：

我们从来只见事物的一面，
另一面是沉浸在可怕的神秘的黑夜里。
人类受到的是果而不知什么是因：
所见的一切是短促、徒劳与疾逝。

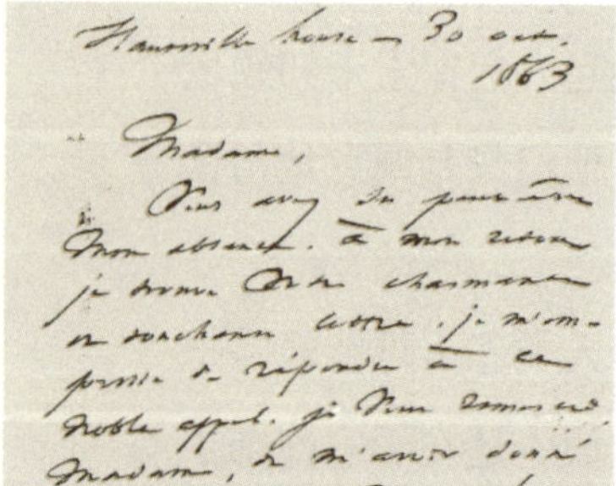
Hauteville house — 30 oct. 1863

Madame,

雨果手稿

雨果的诗句表明，神秘，出自于只知其果不知其因。因此，神秘，也就出自于人们探求世界因果的行动意向。罗丹还用自己的论述补充了雨果的诗：

神秘好像空气一样，卓越的艺术品好像浴在其中。

好的作品是人类智慧与真诚的崇

高的证据，说出一切对于人类和世界所要说的话，然后又使人懂得，世界还有别的东西是不可知的。……

所有的大师就这样地前进着，直闯“不可知”的禁地。可惜有几个碰伤了头额，有几个想象力比较愉快，在墙内神秘的果园里听到了飞鸟的和鸣。

雨果

艺术大师们的“直闯‘不可知’的禁地”总带着大量的超体验性质。这种超体验常常使艺术家和读者都会或多或少地陷入慌乱的境地，但是，这不应该使我们退缩，而应该看成是**无限对于有限的擢拔，永恒对于即时的擢拔，哲理对于庸常的擢拔。**

法国现代诗人彼埃尔·让·儒夫1946年曾在布鲁塞尔作过题为《一个诗人的辩解》的演讲，其中说道：

……任何一首诗，只要它是真正的诗，那么它就永远是一个谜。在音乐方面也是一样，我们实际上对音乐的内涵并不清楚，既不了解一首最负盛名的交响乐对我们的心灵所叙述的究竟是什么，也不清楚我们的心灵通过这首交响乐所表达的又是何物。对于一个人来说，意识到自己的局限性既不可耻，也并非不幸。所以，当一个人与永恒的境界交流，却又无法判断本人是通过何种途径达到了这种永恒境界的时候，于他亦分毫无损。因为此时重要的只是他所获得快感的性质，所感受喜悦的程度，以及他所作为一个生命有限的人，为何开始感到自身已经改变和生命趋于无限的原因。这一点意味着诗歌所表现的东西，永远都是或多或少地隐蔽着的超体验……

现代著名画家克尔希奈从绘画的角度进一步阐述了儒夫所说的由局限性通达无限和永恒而产生超体验现象的问题。克尔希奈认为，艺术的本质，就是要通过有限的物质条件来揭示世界一切过程背后的伟大秘密，这就是一种荡漾于世界整体的精神。克尔希奈说：

立在周围世界一切过程与事物背后的伟大秘密，常常影像似的现出来或可感，如果我们和一人谈话，站在一个风景里，或花及物突然对我们说话。你设想，一个人坐在我对面，而在他诉说他自己的经历时，突然出现这个不可把握的东西。这不可把握的东西赋予他的面貌以及他的最个性的人格，却同时提高他，超过那人格。如果我和他能在这个我几乎想称之为狂欢状态里联系上，我就能画一幅画，而这画，虽然紧紧接近他自己，却是一种对那伟大秘密的描绘，它归根到底不是表现他的个别的人格，而是表现出在世界里荡漾着的精神性或情感。这样远的摆脱自己，以至和另一个人进入这项结合，存在这种可能性，……从这个阶段，用任何手段，例如通过文字或色彩或音调来创作，这就是艺术。

克尔希奈作品

在克尔希奈看来，杰出的艺术大多会通过对不可把握的事物的描绘来探询世界的“**伟大秘密**”。既然这是对荡漾在天地间的一种精神情感的偶然掬取，那么，谁能精确地说清自己究竟掬取了其中的哪一些部分，里边又包括着哪一些内容呢？

这里便出现了理性与非理性的微妙关系。向未知领域探索的热忱和可能，都是人类发展至今所积聚的理性能力的产物，因此，**是理性能力带来了非理性现象**。人类理性的最高贵品格就在于它的永不止息的开发性，那么，在这个过程中出现的非理性现象正是对人类理性能力的侧面验证。

现代艺术向未知领域的探索精神，与那种以验证常识为乐的文艺追求形成了明显的对照。常识，是人们普遍掌握的道理。

赖特作品

不管到什么时候，艺术总难免要承担普及某些社会常识的任务。因为社会上总会出现大量违背常识的现象，人们需要通过谴责和纠正来获得作为一个正常的社会角色的自我确认。因此，**那种以情节和形象来验证某种社会常识的文艺作品，如果写得好，也可以获得某种正面评价。但是，无可否认，这种作品的精神能量极其有限。一切精神能量的大发挥，总是产生在裂变和爆炸之中，总是产生在对常规空间的伸拓和突破之中，总是产生在对未曾知晓的领域的挺进之中。**

有的时候，人们又试图用文艺作品来表现“真理”。在真理受到玷污的时代，艺术家和理论家呼吁让艺术皈附真理，是一种正义行动，是人类艺术史上反复出现的一个悲壮课题。但是，以现代艺术观念来看，真理不是一种僵死的条文，而是一条生生不息的长河。**艺术不应追随在早已发现的真理后面一味进行重复阐述，而应该置身于发现生活中一切奥秘的前沿，不管这种奥秘算不算真理。**

二　两难结构解析

我们不妨以德国戏剧大师布莱希特的剧作《伽利略传》来说明这一问题。

科学家伽利略的故事，可以从多方面引申出意义来，其中最接近真理的是地球绕日说。伽利略为此而奋斗终生，为此而受尽

布莱希特

迫害，那么，我们能不能用艺术来表现这一**常识性的真理**呢？一想就明白，不管用什么方式，这种表现常识性真理的作品就像科普展览会中的教学性节目，不可能产生什么精神力量和艺术力量。

比这个公认的真理辐射小一点的，是一些**社会性的真理**，例如：科学必将战胜迷信，中世纪式的教会是虐杀科学的罪人，科学家要有揭示真相的勇气……这些道理都不错，把这些道理中的任何一条作为主题，是许多艺术家的创作习惯。然而，这种做法，仍然与现代艺术家的追求大异其趣。

艺术作品的诞生，并不是仅仅为了替公认正确的道理增添一个例子，而应该用艺术自身的方式，在公认正确的道理的外面、反面或边缘地带，发现新的道理。新的道理的发现，必然会构成对原有道理的某些“不敬”，因为一种新的道理对原有道理如果没有**逆向伸拓**而只有**顺向伸拓**，严格说来不能称之为新。

于是，布莱希特没有去阐扬这些人所共知的正确道理，而是在这些道理的边缘和旁侧寻找到了一些复杂的难题。例如，伽利略明明在望远镜里证实了哥白尼的理论，但他还是在教会的刑具前屈服了，公开宣布自己的“谬误”，这一宣布，给欧洲科学事业带来了长久的阻碍。然而，他的屈服和怯懦难道毫无可取之处么？人们早就发现，如果他当初在教廷英勇赴死，那么，人类将会失去他的后期著作。他的后期著作的成就似乎能使人们原谅他当初的屈服，甚至承认“两点之间的最短距离很可能是一条曲线而不是直线”，但又有人提出异议……

伽利略

这些问题复杂缠人、难于决断。布莱希特就是选中了这些难题。《伽利略传》除了表现了上述这些难题外，还大规模地涉及了诸如科学与社会、目的与手段、理想与现实、精神目标与物欲需求、天体星际与世故人情等等命题之间的复杂关系。没有哪一种既成公理能够裁决这些关系，没有哪一对关系能找到一种简捷的答案。于是，伽利略、布莱希特、广大观众，一起思索。

有的理论家嘀咕了：这样的作品，谁愿意看？谁看得懂？我们可以听听卞之琳先生看这出戏的体会：

> 一般人都认为《伽利略传》是布莱希特的戏剧杰作。恐怕它也是**布莱希特戏剧当中最不容易一下子完全了解的作品**。事有凑巧，这偏偏是我个人第一次看了（算是看了）演

出的布莱希特的一出戏。……台上的讲话当然一字不懂，只有伽利略被迫悔过发表声明的时候，忽然从扩音机里听到一段英文，又忽然听到一段法文（剧本里只有德文），也都是措手不及，只抓住了几小句的意义。尽管对于伽利略受罗马教廷迫害的历史事实，我也还有一点概念，我对于剧情，事先却毫无所知。但是，说来奇怪，我看了这出戏却**居然得到了深刻的印象**。

《布莱希特戏剧印象记》

卞之琳先生如实地把**最不容易了解和得到深刻印象**连在一起，使我们懂得，艺术的吸引力与艺术的复杂性并不抵触。一出在内容上包含着这么多扑朔迷离的难题的戏剧，居然给一位不知剧情、不懂剧词的观众留下了很深的印象，这种怪异的文化现象值得深思。

一切向着未知领域开发的艺术作品，都会在展现现场构成一种诱人的气氛，吸引你与它一起向着生活的深层探掘。相比之下，**像小学老师引导学生一样来向观众转述一种既定常理，则失去了共同研讨的气氛。**在观看《伽利略传》的剧场里，人人都从舞台上感受到了人生真正存在的复杂性，同时也感受到了艺术家在表现这些复杂性时的真诚。通体的真诚从舞台上散发出来，被观众领悟。

现代艺术家特别重视探察未知，大半是由于现代生活的发展速率使以往规则的朽逝频率大为提高，未知天地比以往任何时候都大。不研究、不探察，只会使心头留存的幻影与生活本身越来越远。

布莱希特在论述自己的“叙述性戏剧”与传统戏剧观念的区别时，曾说过这样两条重要区别：传统的戏剧观念把剧中人处理成不变的，让他们落在特定的性格框架里，以便观众去识别和熟悉他们，而他的“叙述性戏剧”则主张人是变化的，并且正在不断变化着，因此不热衷于为他们裁定种种框范，包括性格框范在内，而是把他们看成“未知数”，吸引观众一起来研究。

日本戏剧理论家千田是也在论述布莱希特的这一思想时说过这样一段话：

> 我们从许多《编剧法》或《编剧技巧》等书上，常常可以看到这样的记述：对剧中人的性格和意志必须先有个概括的规定。……实际上，这只不过是为了促进感情同化和净化作用的权宜办法罢了。然而，令人伤脑筋的是人们由于习惯了这种办法，久而久之，人们的思想方法也随之固定起来了。这无形中就使人觉得环境不会变，人也是永远不会变的，这一点正是布莱希特所不喜欢的地方。可是，“叙事性戏剧”的情况就不同了。**它首先把人、人的社会生活看成是未知数，要求人们去“研究”。**这样，人也好，环境也好，便都可以按其客观实际，作为“变化了的”或“正在变化着的”事物来掌握。这正是布莱希特所追求的东西。
>
> 《布莱希特方法》

戏剧领域对布莱希特的方法常常有偏于形式的理解，实际上，千田是也所揭示的“它首先把人、人的社会生活看成是未知数，要求人们去‘研究’”，才是它的精神核心，抓住了这一点，也就抓住了它与整个现代文艺思潮的连接点，触及了现代艺术的共性。

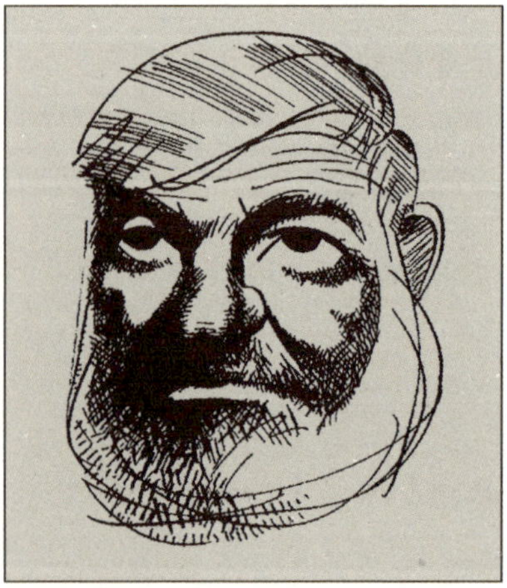

海明威漫画像

现代艺术的共性，也就是这种**“可研究性”**。

很自然，我们想起了海明威。

海明威 1954 年荣获诺贝尔文学奖，但他并没有去参加授奖仪式，由美国驻瑞典大使代读的书面发言中有这样一段很著名的话：

> 对于一个真正的作家来说，每一本书都应该成为他继续探索那些尚未到达的领域的一个新起点。他应该永远尝试去做那些从来没有人做过或者他人没有做成的事。这样他就有幸会获得成功。

海明威的作品确实饱蕴着这种强烈的探索精神。《老人与海》，就是他对现代精神、美国精神、男子汉精神的一种探索。那位孤独的老人置身在茫茫大海中，与浪、与鱼、与自己的体力和意志进行着搏斗。但是，一个最基本的问题却找不到答案，这个老人，最后他到底胜利了没有？一个“未知数”。

而且，这对每个读者都是一个“未知数”，即便心中形成了两种声音的激烈争吵，最后也很难有结论。例如——

他竭尽全力把那条大鱼战胜了，把它拖了回来，他没有被它搞死，他胜利了；

但拖回来的大鱼在船尾后面被游弋的鲨鱼啃吃光了，拉回来的只是一副硕大无比的鱼骨头，长时间的生死搏斗毫无成果，他失败了；

然而又不尽然，他在失败中保持着风度，有时甚至还有点闲适优雅、从容幽默，直到最后筋疲力尽、一无所得地回到海边茅棚，脸朝下睡着了，竟然还在“梦见狮子”，于是，他又是胜利者；

可是再想开去，“他身上的每一部分都显得老迈”，海既永恒又辽阔，他能在它的怀抱里再搏斗几次呢？

……

于是，到头来谁也不能断言，老人究竟是胜利者还是失败者？

这个未知，困惑了，也感动了千万读者。大家突然发现，我们对很多这样的根本问题，都是未知。

失败与胜利、乐观与悲观的复杂组接，使海明威立即成为研究现代人生的文学大师，尽管他的这篇小说那么简练。

只要作品表现的内容是未知而神秘的，那么，这部作品本身也会变得未知而神秘。海明威在一封通信中表达了他对优秀作品的看法：

真正优秀的作品，不管你读多少遍，你不知道它是怎么写成的。这是因为一切伟大的作品都有神秘之处，而这种神秘之处是分离不出来的。它继续存在着，永远有生命力。你每重读一遍，你看得到或者学得到新的东西。你不会首先感觉到你读头一遍时是如何上技巧的当的。

《致哈维·布雷特》

无数事实证明，在现代，许多大体上按照传统方式进行创作的艺术家，也会或多或少地在作品中增益一些未知因素，从而大大提高了作品的哲理品位。

美国电影《一曲难忘》是个例子。这部拍于几十年前的影片用的是传统手法，但今天重映，要比其他许多同时代拍摄的片子更能引起当代观众的兴趣，其中一个重要原因就是它具备某种未知和两难。

肖邦

影片表现了肖邦的生平。肖邦作为一个音乐天才在巴黎立足并名震欧洲，女作家乔治·桑起了很大作用。她给了他最初的掌声和热烈的恋情，还把他安顿在自己的岛上别墅中让他静心创作。但就在这时，肖邦的祖国波兰面临外族侵略掀起了爱国运动，他的乡亲、老师、早年的恋人都要拉他投入爱国斗争。乔治·桑反对肖邦这样做，因为她确认他是世界音乐史上最珍贵的天才之一。几经矛盾，肖邦离开乔治·桑投入了爱国斗争，他马不停蹄地到各大城市演奏，以所得钱款支援爱国者，结果很快积劳成疾，离开了人世。爱国者把肖邦的死讯告诉乔治·桑，要她参加追悼会，但她拒绝参加，说：这下你们该满意了吧？世界永远失去了一个天才！

肖邦墓碑

照传统的艺术欣赏习惯，我国不少观众会简单地认为这部片子歌颂了肖邦为爱国而死的精神，批判了乔治·桑的行径。其实事情并不那么简单，电影艺术家把自己的困惑诚恳地交付给了观众。他们歌颂肖邦的爱国热忱，但对他因连日演奏而丧生的结果更不愿意接受，所以他们又公允地表现了乔治·桑的理由。这就构成了一种“二律背反”的悖论。两者都有道理，但任何一种道理的引申结果都构成对自身的否定。这是历史上一切天才都会遇到的困境：既要耗身于现实斗争，否则自身就失去了根脉；又要维护自身的独特价值，否则就构不成远远高出于世俗民众的天才格局。天才存身的社会土壤很可能造成对天才的耗损；另一方面，孤独又可能使天才失去社会价值。《一曲难忘》的创作者把这种复杂性展示出来了，因而也就展示了一个找不到结论的人生课题，一部基本上属传统风格的影片也就有了现代哲理的色泽。

当代美国电影《克莱默夫妇》在展现形态上并没有多少现代方式，但它的情节构架却也留下了可供人们深长思之的未知。这对夫妇令人同情地离异了，为了争夺爱子越吵越凶，实际上也越吵越近：因为他们的情感连接点在争夺中越来越鲜明，因此也越来越离不开了。影片临近结束，观众们企盼着他们破镜重圆，但是不能。和好如初必然矛盾如初，一部电影又要从头再演一遍，没完没了。这儿又陷入“二律背反”的两难了。妻子要获得精神平衡必须外出参加工作，但外出参加工作又带来了新的不平衡，要解决这种新的不平衡，只能回到老的不平衡，总之，走来走去都是自我否定；丈夫要维持这个家庭只能拼命工作，但这样做反倒破坏了这个家庭，同样也是自我否定。他们该怎么办呢？观众不知道，电影艺术家自己也不知道。一个赤裸裸的未知数。

交给影片一个浅薄的解决方案当然是容易的。例如，妻子认错了，她本不应找工作，而应该安心做家务；又如，丈夫领悟了，他不应全力参加公司工作，而应该分担妻子的家务。但是，影片中的虚构夫妻可以这样轻易解决，现代生活中无数夫妻都遇到了的巨大“悖论”却被瞒骗住了，影片也就失去了价值。**广大观众不愿意艺术家教训他们如何做一个好丈夫、好妻子，而愿意与他们一起平等地研究一个苦涩的普遍命题。这种研究，并不是为了获取解决方案，而是要更深切地品味人生。**

有人会问：把自己还没有解决的问题拿出来交给观众，不是太不负责了吗？

现代艺术家回答：把生活中并未解决的问题在艺术上轻便地解决了，不是太不负责了吗？

有人会问：还找不到答案的问题，有什么表现的必要呢？

现代艺术家回答：**已经找到了答案的问题，有什么表现的必要呢？**

1937年诺贝尔文学奖获得者罗歇·马丁·杜加尔成功前，他的朋友乔治·杜亚美在读了杜加尔的小说《谛波父子》的前两卷后，诚恳地谈了一些意见，杜加尔觉得“很有道理”，其中最主要的意见是：

> 您只是运用了19世纪那些善良的老作家们所取得的东西，而**我们的主要目的不是要对已熟悉和已经研究过的东西进行新的组合。我们小说家的任务是要在神秘的感情世界里找到新的、尚未引起作家们注意的、从未被发现的特点，换句话说，我们的任务是要用新的、意想不到的东西去丰富我们对人的尚未完全的认识……**
>
> 罗歇·马丁·杜加尔：《回忆录》

这是对20世纪艺术的开发精神的一个集中概括。著名法国作家阿兰·罗布－格里耶也曾划分过这种世纪性的重大差别。他说：“人们甚至可以自问：某种如1900年以前的文学修养，是否有害于他们的理解力。”他认为，20世纪的广大欧洲读者，即便还没有读过卡夫卡，也不会被巴尔扎克式的文学形式捆绑住，而是会自然地适应那些体现20世纪的世界形象和心理形象的作品。他的结论是：

> 在我们的周围，世界的意义只是部分的、暂时的，甚至是矛盾的，而且总是有争议的。艺术作品又怎么能先知先觉预先提出某种意义，而不管是什么意义呢？……**现代小说是一种探索，在探索进程中逐渐建立起自身的意义。**
>
> 《新小说》

在这些现代艺术家看来，**世界的意义，人生的意义，都不是某种事先的强加，而只能产生在探索的过程中。探索有结果吗？可能有，也可能没有。**最大的那些未知课题与人类相始终，因此肯定不会找到答案，但却又永远充满着吸引力。于是，探索、开发、发现、创造，这就是新世纪艺术的主旋律。

第六章　集体深层心理

对现代艺术家来说，最大的未知是对人的未知。培根说艺术就是人与自然相乘，其实，人的“自然”究竟是什么状态，人本身最不清楚。

杜亚美说：

> 犹如一个外科医生用决定性的一刀，割开皮肤和肌肉，以便弄清隐藏的病因一样，现代小说家想了解的主要是心灵，它被看成是基本的最高尚的现实，决定着其余的一切。……
>
> 我们已经到了长篇小说需要进入到内心深处的时候了。**我们的父辈勘查和开发了几乎全部的领土，原封未动的只剩下地球内部的资源了，**它们也需要开发。应该到未经考察的地方去探索。
>
> 《长篇小说探讨》

20 世纪的许多艺术家都产生过一个共同感受：尽管已经从前

辈大师的无数作品中了解和体察了人的许许多多方面，但仍然深深地感到人的不可了解。关于人的越来越大的谜，向着现代包围。

一　深层潜意识

由弗洛伊德等精神分析学家开启的对人的深层潜意识（亦称“无意识”）的大规模研究，给了艺术家以巨大的启发。他们合力凿开了一个坚硬的冰层，让现代人比过去任何时代都更坦然地正视冰下涌卷着的激流。

弗洛伊德漫画像

现代艺术家领悟到，人的心理活动的表显层次和深潜层次都是存在的，而我们过去很忽视的深潜层次，对表显层次起着很大的补偿和制约作用。清晰的表显层次因为可以找到与环境、行动的直接对应关系反而带有很大的偶然性，而暧昧不清的深潜层次因为无可解析、无从控制，正反映了它的无可抗拒、浑一自足。深潜层次的潜意识活动，弗洛伊德认为来自于与生俱来的欲念和冲动，荣格更看重于遗传，特别是自古以来的一种遗传，但这种遗传也是主体所未察觉的，“它既不是产生于个人的经验，也不是产生于后天积累，而是生来就有的”。

现代艺术家对深潜层次中那个**不成秩序的世界中的秩序**，发生了莫大的兴趣。各种看来并无联系的现象和事件的连接，近于呓语的纷乱自语、梦境、醉境、迷狂时刻的言行，这一切，都有了值得珍视的价值。因为它们都是**深有其故、又深藏其故的自然流泻**。

弗洛伊德

弗洛伊德把深藏之故说成是人的本能冲动，因此他坚信任何个人的本能冲动都具有广推他人的普遍性。艺术家只要有效地把自己的潜意识释放出来，便能在深入的层次上接通人类。别人没有领悟到的，被艺术家一点化，也就通过自己深潜心理的应合而获得领悟。这样，人与人就通过艺术的媒介，在深潜心理层次上聚合、融和、交汇。他们的表层生活、表层性格、表层习俗各不相同，最深层心理却不谋而合。因而，艺术家的要务就是穿透表层而抵达深层，让在深层中躲藏已久的自我来创造艺术。这种自我艺术也便是超我艺术。法国现代画家莫里斯·弗拉曼克在他的生活回忆录《危险的转折点》中曾说过这样一段话，充分体现了上述思想：

人不作画，人作他的画。我的努力方向，是使我回到下意识里蒙眬睡着的各种本能里的深处。这些深处是被表面的生活和种种习俗淹没掉了。我仍能用孩子的眼睛观看事物。

他所理解的艺术创作，就是穿过表面生活习俗，在下意识领域里找到并唤醒本能，让它创作。

二 “集体无意识”

荣格

但是，个人的深潜心理中夹杂着大量偶发性的因素。因此，被唤醒的潜意识和本能一旦出来创造，其成果常常缺少普遍可感性。不少潜意识外化的艺术作品，不少意识流小说使读者遇到大量感受上的障碍，便是例证。相比之下，强调“集体无意识”的荣格就比弗洛伊德高明了一大截。他认为只有由种族的发展历史沉淀成的深层心理才有研究价值。集体，对个体的偶发性潜意识进行了选择和过滤，因此更具有一种原始意义上的必然性。

这样，一件艺术作品的创造就成了对该民族的一种深埋在心灵深处的原始形象的探求。一个种族在自我原始形象越是产生迷乱的时候就越会呼唤自己的深层形象，不管这种深层形象是多么痛苦、丑陋、苍老、狂放。由于这种原始的深层形象是深埋于该种族每个人的心底的，因此，这样的作品就能在很大程度上震撼广大读者。

荣格所说的这段话曾引起了无数现代艺术家的深思：

无论诗人知道他的作品和他一起问世、生长、成熟，还是认为他的作品是凭空虚构，这都无关紧要。他的看法不会改变这样一个事实：**他的作品超越了他**，就好比孩子超过母亲一样。创作过程具有女性的特征，作品产生于无意识深处——可以说，产生于母亲们的怀抱。每当创作力量占上风时，人的生活就被潜意识所控制和影响以对抗积极意志，意识的“自我”就被秘密的潜流冲走，成为不过是对事件束手无策的旁观者罢了。结果创作中的作品成了诗人命运所系的东西，并且决定着诗人的心理发展。不是歌德创作了《浮士德》，而是《浮士德》创造了歌德。《浮士德》除了象征外，还有什么意义呢？我并不是用此作为一个比喻，来指十分熟悉的东西，而是用来说明某些不大清楚然而非常活跃的事物。这里有生活在每一个德国人心灵中的，并且是在歌德帮助下产生出来的某种东西。除了德国人，我们能设想其他人能写出《浮士德》或者《查拉图斯特拉如是说》（尼采作品，编者注）吗？这两部作品都利用了在德国人心灵中能激起反响的某种东西——雅各布·布克哈特曾经把它称作“一种原始形象”——一位医生，或者人类导师的形象。这种智者，救世主的原始形象，自文明之初，就已经潜藏蛰伏在人的无意识之中；每当时代混乱，人类社会出现一系列危厄，它便复苏过来。每当人们误入迷途，便感到需要有个向导、导师，甚至医生。这种原始形象不胜其数，只有在总的形势产生混乱的时候，它才会出现在个人的梦境或艺术品中。当意识生活具有片面和虚假特征时，它们便活跃起来——可以说是“本能地”——在个人的梦境里，在艺术家和先知的幻觉中出现。这样就恢复了这个时代的心理平衡。……

在回到分享神秘的状态中——即回到人类的而不是个别作家的生活经验上（个人的凶吉祸福不算在内，这里只有人类的安危），我们才能够发现艺术创作和艺术效果的秘密。这就是为什么每一件伟大的艺术作品虽然都是客观的，非个人化的，但仍然深深地感动着我们所有的人的原因。

《心理学与文学》

也许谁也不能否认，这段论述是近代世界艺术观念发展历程上最重要的篇章之一。荣格把弗洛伊德所注重的个体心理扩展到种族心理，同时又把种族心理看成是代代相传的沉淀物，这就使深层心理获得了空间和时间上的两度开拓，从而保证了这种深层心理的社会

约翰·亨利·弗谢利作品

历史价值。

荣格十分看重这种集体深层心理的原始发生，把它在后世的呈现看成是一种“原型”的展开。荣格为“原型”下的定义是“自古以来一直存在的普遍意象”。他认为，这些意象有可能出现在不同文化背景的脑海里，细细追索，甚至还可以与神话相联系，与祭祀仪式相近似。

荣格的理论让我们不得不又一次联想到本书开头论述艺术本性时提到过的“人心之通天”的说法。“人心”在深刻层次上与自古以来的神话和祭祀相通，那也就是与“天心”相通了。如果说，弗洛伊德的学说挖开了人心中隐潜的“自然”，从而与培根所说的定义呼应，那么，荣格显然大大推进了一步，把人心中的“自然”与天地间的永恒“自然”合成一体。至此，我们从一开始就探讨的艺术本性，又深了一层。

黑格尔很早就提出过的“普遍性意蕴”的命题，已经包含着由“自然”上升到“天心”的意味。他在《美学》中系统论述了**任何创作如要企求有更大的生命力，就必须克服“历史的外在现象的个别定性”，力求在内在意蕴上贴近绝对理念，临照更广阔的时空。历史的速朽性现象不应多加流连，世界的外部情况，不必过于迷醉**。黑格尔这些论述的重要性显而易见，因为庸常人众总是目光短浅地沉迷于一些不重要的外象，尤其在艺术创作领域，流连炫目的速朽性因素的现象太泛滥了。但是，黑格尔的论述也会给我们带来创作上的困惑。因为“普遍性意蕴”毕竟太抽象了，既不能把握它的数量，也很难把握它的内容。

阿胥列·高尔基作品

对集体深层心理的开掘使我们懂得，艺术的普遍性意蕴应该在自己和同胞的心灵深处去探测。就像歌德探出个浮士德，就像尼采探出个查拉图斯特拉，我们的心灵只有在地层深处才能发现使千万人一起震撼的似有“天心”下颁的形象图谱。

荣格说得好，不是德国人写不出《浮士德》和《查拉图斯特拉如是说》。同样的道理，不是美国人写不出《老人与海》和《海鸥乔纳森·利文斯顿》(Jonathan Livingston Seagull)。《海鸥乔纳森·利文斯顿》仅仅写了一只海鸥，写它如何超越同类、超越自我、超越物欲、超越公认的生理心理能力而振翅高翔，成为一只不可思议的神鸥。作者理查德·贝奇在扉页上写道：“献给生活在我们大家心中的真正的海鸥乔纳森。”广大美国读者果然就像当年争读《老人与海》一样，在《海鸥乔纳森·利文斯顿》中寻求着一种既是个体的，又是集体的心理体验。

1968年12月10日，日本作家川端康成在瑞典诺贝尔文学奖授奖仪式上发表讲话，以日本平安时代几位诗僧的作品，集中阐发了日本民族在审美领域的深层心理结构。这是一个聪明不过的演说辞，因为它清楚地说明了川端康成的艺术之道。纵观他的那些作品，确实都是从不同的角度触摸了日本民族的集体深层心理。同样，

川端康成

我们也能从电影导演黑泽明身上看到对日本民族深层心理的成功体现。**有人把这一切都说成是“民族风格”，显然是把事情说小了，也说浅了。**川端康成和黑泽明大量吸收了现代西方艺术的表现形态，并没有拘泥于表层民族风格，但人们通过这些非民族的形态仍然看到了民族深层心理。有的艺术家相反，外层的“民族风格”搜集了不少，但深层精魂却是浅薄模糊的，与川端康成和黑泽明构成了对照。

黑泽明

印度的泰戈尔很少采用印度的古典方式写作，有不少作品直接是用现代英语写成的，但是，一个由神奇悠远的历史、独特厚重的宗教凝结成的民族的集体深层心理，却深切地流泻在他的诗篇中。东方艺

黑泽明《乱》

术，总以它们对东方民族深层心理的叩发来面向世界的。今后一切堪称伟大的东西方艺术都将是这样。

在实际创作过程中，能否触摸集体深层心理，常常成为一个艺术家和一部作品能否获得广泛社会感应的重要标尺。在现代，这支标尺更为有效。以我国现代作品为例，鲁迅的《阿 Q 正传》的巨大影响，正在于它空前地体现了一种集体深层心理，使许多中国人本能地感受到自身心灵深处的影子。把阿 Q 局限在雇农阶层队伍中，或局限在辛亥革命前后，显然是大大低估了这个作品的价值。就鲁迅本意，也可能是从辛亥革命的教训出发的，但正如荣格所说，作品大于作家，鲁迅在自己的创作目的中不知不觉地融入了自己长期体察、历史郑重交付的近代中国人的集体心理图谱，因而使作品的实际重量大大超过了创作意图。人们很可以像荣格说《浮士德》只能出自德国人歌德之手一样，说《阿 Q 正传》只能出自中国人之手，而且不妨模仿荣格的口气说，不是鲁迅创造了阿 Q，是阿 Q 创造了鲁迅。

同是鲁迅的小说，《祝福》也包含着普遍性意蕴。这个作品概括了旧中国一般妇女受到的几种最普遍的压迫，如族权、夫权、神权的交相压迫，同时，作品也有不少心理刻画。但严格说来，它还没有进入深潜的心理领域，因而所达到的成就无法与《阿 Q 正传》相比肩。《狂人日记》触及了深层心理领域，在 20 世纪中国文学史上较早地以一种狂放形态的潜意识的释放来完成自身构建，早早地标志着中国现代艺术对于深层心理的进入。但是，比

阿Q（丰子恺作）

之于《阿Q正传》，它的深层心理更具有时代性而较少种族性，更接近于弗洛伊德而不是荣格。

评论家赵园对现代中国文学中“高觉新型”的分析，也许是所有巴金研究中最值得重视的成果之一。高觉新这个形象，能与进入近代以来很多政界、学界的中国人的集体深层心理产生勾连，这也许正是《家》一时风靡广大读者的原因之一。

在中国古典小说中，有些形象也与集体深层心理有关，例如诸葛亮这个形象对于中国知识分子的概括。三顾茅庐之时，《三国演义》只写刘备求贤若渴之心，实际上真正在经历着心理风暴的却是诸葛亮。就在这几天中，他避而不见，高卧不起，实则是从心理构架的道家出世一侧，在艰难地过渡到儒家入世一侧。这种世代相袭的集体深层心理既有显意识的成分，也有潜意识的成分。例如他在“出世”之时对军事政治局势的深切关注，就未必是出于对哪一天“入世”的期待，而更多的是潜藏着的儒家理想在默默地发挥作用。中国封建时代的许多知识分子，尽管智慧韬略远不及诸葛亮，出世无茅庐静舍，入世无赤壁气概，却也能在无意之中搜寻到深埋心底的种子。这样一个诸葛亮，他的心理感应面和历史概括力就超过了小说中的其他形象。

同样的道理，如果现代艺术家要重新处置《西游记》，就很可能不再仅仅把它当做一个神话故事。唐僧、孙悟空、猪八戒、沙僧，既可能被处理成在人生行程上的四种态度，也可能把这四种态度概括成能够统一在一个生命体上的四个构件、四种素质。当初吴承恩在创造这四个形象的时候，是不是也可能动用了自己潜意识领域的几种组合呢？中国人对《西游记》的莫大兴趣，与这四个神怪形象都具有**足够的可体验性**有关。在我们的深层心理结构中本来就隐潜着这四种精神素质，吴承恩不自觉地把它们幻化成了四个形象，从而感应了广大中国读者的潜意识。

既然古代作家都有这种可能，那么，现代作家更应该在这个领域探幽索微，创造奇迹。

第七章　直觉

以上所说的各个问题如果勉强能纳入传统艺术理论的“内容”范畴之内，那么，现在必须赶紧来讨论“形式”的范畴了。因为这些问题的共同归宿，都是它们的外化形态。离开了这个归宿，每一个问题都无法继续深入。

更重要的是，本书第一章已开宗明义地宣告，我们心中的艺术本性，在于形式，我们理解的艺术创造，是形式的创造。

一　直觉也能深刻

艺术形式，从一个角度看，是一种以感性直觉为基础的构成形态。因此，在研究艺术形式的时候，首先需要对感性直觉有所了解。

按照柏格森的说法，直觉是指一种挣脱了理性分析而能直捷、整体、本能地把握世界精神和人类意识的能力。柏格森为了

柏格森（左为他的签名）

醒目地把直觉的地位抬高而构成了对理性精神的轻视，但我们不应矫枉过正，因他的某种偏颇而抹煞了直觉在艺术中的重要地位——如果是这样，我们所犯的错误要比柏格森严重百倍。

一切忽视表现形式的艺术主张，几乎都根源于对艺术直觉的轻视。不管是艺术家还是欣赏者的直觉，初一看，确实显得匆促、偶然、草率、任性、莫名其妙。一下子满眼明亮，一下子满耳轰鸣，无端的厌恶，瞬间的倾心，这常常使人疑惑：这种直觉感受是不是真有价值？这种本能性的勃发是不是真有深加重视的意义？于是，处于直觉的迷醉之中的人也就惶恐地拔身而出，力求使自己清醒冷静一些，设法借助理性分析的武器，把直觉解剖开来。一时解剖不了，则干脆把直觉赶走，认为那是理解不了的东西。这样，艺术便在整体上退化成了以理性分析为经纬的严密实体，一切感性直觉只有经得起清晰明白的理性分析才能取得存身的权利。这样的艺术也有形式，但那只是理性分析的消极呈示。

我们在前面申述了开掘艺术意蕴、人生意识、哲理品格和深层心理的重要意义。这种强调本身也包含着忽视直觉形式的危险。实际上，这种开掘实在像是在“露天煤矿”上的操劳：每时每刻离不开外显，离不开直觉。因此，我们所追求的艺术的深刻性，也就永远应该是一种**可以直觉的深刻性**。

当我们在旅游中突然遇到一个美景时，总是立即地、整体地、本能地直觉到它的美之后，才会慢慢作一些分析。而无数次经验证明，这种分析常常是苍白乏力的，而许多特别美妙的部位则又往往是无可评说、无法分析的。

对一个陌生人的直觉更是如此了。即便是心灵深处的神秘，也希望能在他的气度、姿态、神色、谈吐中来寻找踪迹。艺术主要靠这一途径来把握人，而不是靠那种查出身、履历、籍贯等一系列外在分析方法。这种种因素当然也有可能点点滴滴地参与了对人的塑造，但当人一旦站立，它们早已体现在他的肌肤容貌中，而不再是一种密封在档案袋里的存在。诚然，也有人会伪善地遮盖自己的真相，但伪善本身也可以体现为直觉。

我们更加关心的是艺术欣赏中的直觉。不管哪一种文艺演出的评奖活动，比较合理的做法应该是精心选择一批有可靠的艺术感受力的评奖委员，让他在看完演出的当时，不受任何干扰地打下“直觉分”。有人总嫌这种即时打分法太草率，喜欢在演出后反复组织评奖委员讨论，甚至请来创作人员座谈，多方征求意见。这种做法看似细致、周到，实际上却必然导致最大的不公允，其中一个重要的原因就是割碎了最可珍贵的直觉。

对艺术来说，一切理解都融化在感觉之中。评奖委员们的即

莫奈作品

时直觉，实际上已经包含着他们的全部理性能力。让评奖委员们搁置直觉而进行反复讨论，实则是要他们搁置生命化、本能化了的理性能力而撤退到浮悬于生命之外的理论分析之中。无疑，这是一种倒逆。

浮悬于生命之外的理论分析能不能真正用来把握住艺术作品呢？很难，甚至不可能。柏格森说，直觉是真正与对象化成一体、打成一片的，而分析则只是借助于一些人所共知的普遍因素的组合来“包围”对象，而实际上并不能抵达对象。

这类分析靠旁物引譬本物，但旁物永远也成不了本物；这类分析靠概念来把握实体，但任何艺术对象和艺术作品都是具体可感的；这类分析靠分割来说明全体，但局部之和并非整体；这类

高更作品

分析靠已知来说明未知，靠清晰来说明朦胧，但未知若能用已知来说明也就不成其为未知，朦胧若能全然澄清也就失却了自身，而如果排除了未知和朦胧，也就排除了生命的经络。

柏格森以下这些话，是值得我们深思的：

> 所谓直觉就是指那种理智的体验，它使我们置身于对象的内部，以便与对象中那个独一无二、不可言传的东西相契合。相反地，分析的做法，则是把对象归结成一些已经熟知的、为这个对象与其他对象所共有的要素。因此进行分析就是把一件东西用某种不是它本身的东西表达出来。所以，任何一项分析都是一种转述，一种使用符号的阐述，一种由于

高更作品

采取一连串观点而获得的表述；从多少个观点出发，就是指出所研究的对象与其他被认为已经知道的对象之间有多少种联系。分析永远不知满足地要求掌握它绕着转的那个对象，它无穷无尽地增加观点的数目，以便使那个老是不完全的表象完全起来，它也无休无止地变换着各式各样的符号，以便使那个永远不完满的转述完满起来。而直觉——如果它是可能的——则是一个单纯的进程。

《形而上学引论》

智力诚然不失为光辉的中心，在它的周围，本能即使扩大或净化直觉，也只能组成一重模糊的云雾。……然而直觉却能使我们抓住智力所不能提供的东西，并指出提供这东西的方法。

《创造进化论》

画家把对象看得很简单、质朴，并要作为一个整体转移到画布上来，并且越是以一个不可分割的直觉的投影来感动我们，表现也就越完整了。……因为事实上并不存在拼合起来的方块，只有画本身。

《创造进化论》

柏格森提到了画家，这就使我们联想起了几位著名画家的意见。例如，年迈的高更就曾说过：

我愈年老，我更坚持通过文学以外的东西来传达我的思想。在“直觉”这一词里是一切。

德拉克罗瓦说：一个画面首先应该是对眼睛的一个节日。塞尚把这个意思说得更明白了：

一幅画首先是，也应该是表现颜色。历史呀，心理呀，它们仍会藏在里面，因画家不是没有头脑的蠢汉。这里存在着

塞尚作品

一种色彩的逻辑，老实说，画家必须依顺着它，而不是依顺着头脑的逻辑；如果他把自己陷落在后者里面，那他就完了。

黑格尔也已经关注过这个问题，这位哲学家沿用康德的说法，把那种从感性提纯、抽象，从而作出简单的理智划定的分析方法，称之为**知性分析方法**，他认为这种方法在认识过程中是一个不可避免的台阶，而且这种方法确实也能在一定意义上增强把握对象的坚定性和确定性，但是，**“知性不能掌握美”，美的天地，需要具体性和整体有机性**。当然，黑格尔还是以理性为归结的，他对艺术直觉还没有作出更多的研究和首肯。因此，20 世纪的许多艺术实践家在赞同了黑格尔对知性阶段的局限性的简略裁断之后，顺理成章地迎向了柏格森，以及稍晚的克罗齐和乔哀斯·卡莱。

二　直觉是灵感的“黑箱”

直觉几乎贯穿着艺术创造和艺术欣赏的全过程。即便是对素材的反应，在正常的创作状态下，也大半是因为某个形象、某个场景长时间浮于脑际，历时不忘。由此进入创作，大抵事半功倍。为什么这些形象和场景长期留存呢？**这种偶然留存，包藏着一系列社会、历史、风土、血缘、心理、生理、性格、素质、经历等方面的原因**。这些原因就像在一个深秘的“黑箱”中贮积、翻卷，化合成一种浮现之力，极其必然又极其偶然地抓住了某个形象和场景。因此，如果**艺术家能在这个形象和场景上进行创造，就会时时获得“黑箱”中贮积因素的秘密援助，左右逢源、灵感勃发。**反之，那种鄙视直觉而依赖分析的艺术创造却很难进入如此从容惬洽的境地。有些艺术家由分析入手也写出了尚可一睹的作品，这大多还是他的直觉在悄悄地支援着他，但他往往不自觉。

当剧作家创作完成，将作品交付给导演进行二度创造的时候，导演也是首先以直觉来接纳作品的。不止一位电影导演说过，他们非常重视“初读剧本”的时刻。是初读直觉始终指导和控制着以后的精细分析，最后，又是初读直觉裁定了影片的总体风格。有的导演惊讶地发现，初读剧本时在边上随手涂写的几句印象，待影片完成后竟能完全贴合。

导演对演员“说戏”的过程，免不了要动用大量的知性分析方法，但这种方法并不能保证演员把握角色。你说这个角色犹豫而懦弱，演员领受的只是两个性格概念而不是这个角色；你说这个角色一半是哈姆雷特、一半是奥赛罗，但哈姆雷特加奥赛罗仍然不是这个角色；你远引曲譬，说这场戏的意味颇像某句唐诗，这个戏剧动作近似某个寓言，演员茫然点头，但一看他的表演仍然不得要领。你又找来与这个戏有关的历史资料、图画照片让演员们揣摩，演员们用功地照办了，但心底还是一片漠然。就这样，磨磨蹭蹭、拍拍停停，过着一些令人烦闷的日子。突然，有一天，演员跑来向你惊呼：“我找到他了！”他从心里贴合了那个角色，于是一切举止行为，均已一应俱全。这是一种生命与生命之间的搜寻，这是“黑箱”与“黑箱”之间的呼唤，一旦撞合，则从心理到生理全盘轰鸣。这便是最莫名、又最深刻的直觉把握。获得了这种把握，什么分析也不再存在。如果要让演员用理智分析的方法来论述他成功扮演角色的方法，我发现，越是天才的演员越是说不明白。音乐家更是如此。

三 发现式直觉和顿悟式直觉

当艺术作品一旦产生，出现在欣赏者面前的时候，首先产生的也是直觉冲撞。优秀的艺术作品总是“先声夺人”，以自己强烈的感性力量吸引欣赏者。在作品众多的画展里，欣赏者不必多加踌躇，就能较快地发现自己所喜爱的作品。然后，在长时间的谛视中，欣赏者又能直觉地领悟作品的精神蕴含。

这样，艺术欣赏中的直觉可分为两个层次：**发现式的直觉和顿悟式的直觉**。发现式的直觉也可称为浅层直觉，顿悟式的直觉也可称为深层直觉。这两种直觉都是整体把握，尽管顿悟式的直觉的产生需要有所期待，但一旦产生却也是即时性的爆发，两种直觉都不显现出理性筋脉，而表露为一种震撼状态。

浅层直觉凭借着感觉器官，而深层直觉则改造了感觉器官。深层直觉是心灵深处的本体精神的自然释放，这种释放能奇迹般地改变平日的感官惯性，发现别人发现不了、感应别人感应不了的许多内容。也可以说，浅层直觉是在定势化了的感觉器官中产

康定斯基作品

生的，而深层直觉则是靠激发感觉器官功能的调整而产生的。

当代诗人沃兹涅先斯基在咏芭蕾舞演员普利谢茨卡娅的那首诗中写道：

> 人的精神之路，
> 是新的感觉器官的培养和形成。
> 这叫做艺术。

这几句诗，是极为精辟的艺术见解。音乐的最终目的，不能仅止于听众的精神陶冶，而仍应归结于造就更为健全的听觉器官。艺术对人的精神塑造，历来是、永远是与感官的塑造同步。

不言而喻，个人的直觉也常常显得偏狭、浮浅，甚至乖戾，无法深入地体察对象，也难于与旁人的直觉相呼应。但这也构不成鄙视直觉的理由。**直觉，最完整、最经济地体现了一个人此时此刻的总体审美水平**。一个人的直觉有较明显的弊病，是无法通过几次讨论、学习、争辩所能解决的。要改易直觉，实际上就是要改易一个人的审美心理结构，“牵一发而动全身”，**触动的甚至可能是一个完整的人生系统**。时间未到，功夫未至，则只能依凭已有的直觉。依凭旧的艺术直觉，也比丢弃直觉好，因为前者至少具备着真诚。对自己的直觉产生了怀疑，那只能通过整体熏染慢慢地来改变。临时听几个观点，看几条理论，匆促改变，结果只能顾此失彼：既不能从容地包孕这些理论观点，又失去了自己原有的审美基地。

无数事实证明，我们在文艺领域遇到的那些特别令人厌烦的现象，有许多与人们离开了自身的真诚直觉有关。

因此，对艺术创造者来说，应该理直气壮地尊重自己的艺术直觉，这实际上也是对欣赏者的艺术直觉的尊重。当更多的艺术家认识到这一点的时候，艺术领域才会出现空前的真诚和丰富，以刷新人们的视听。

第八章　造型

一　直觉需要变成艺术形式

在艺术领域，直觉需要整理、凝聚为一种形式。

直觉的互相递接，实际上也就是形式间的递接。

克罗齐

意大利美学家克罗齐认为，有了直觉也就有了表现，两者是一回事，很难割裂。在他看来，既然直觉是一种整体把握，那么直觉中一定会有对象的轮廓，把直觉表述出来，也就是把这个轮廓表述出来，这不就是“表现”了吗？克罗齐认为，无法表现的所谓“直觉”，实际上根本就不是直觉。

经常有人说，他心中有了一种极为深切的感受，就是表现不出来。克罗齐的回答是：没有这种事！任何感受都有它的特殊轨迹，而找不到轨迹的感受是无法走向深入的，因此也不可能是深刻的。克罗齐的名言是：

> 心灵只有借造作、赋形、表现才能直觉。
>
> 《美学原理》

克罗齐的见解是深刻的。他认为在产生过程中已经赋形了的直觉才是“真直觉”，这就大大提高了直觉的品位，从而使它与艺术和美十分接近，甚至合而为一了。

但是，这种企图也给他的理论带来了麻烦。由于他把直觉的要求提高了，因此也把直觉的范畴缩小了。他的兼具表现功能的直觉实际上已成为他所理解的艺术活动的全部，所谓艺术作品只不过是为了备忘而作的物化翻译。这样，克罗齐就在“直觉”一词中注入了与“艺术”这一概念几乎相当的宏大内容，致使常规意义上的直觉在艺术创造过程中的地位反而不清楚了。

人们一般理解的直觉，当然也会包含着某些可供表现的形式轨迹，但总的说来还不能将它与表现形式相等同。等同了，很可能导致表现形式的失去。因此，原本重视表现的克罗齐常常导致人们对表现形式的疏淡，随之也带来人们对他在这一方面的指责。这是他始料所不及的。

德国现代哲学家恩斯特·卡西尔在《人论》一书中对克罗齐的批评很有代表性：

卡西尔

> 克罗齐只对表现的事实感兴趣，而不管表现的方式。在他看来方式无论对于艺术品的风格还是对于艺术品的评价都是无关紧要的。唯一要紧的事就是艺术家的直觉，而不是这种直觉在一种特殊物质中的具体化。物质只有技术的重要性而没有美学的重要性。克罗齐的哲学乃是一个强调艺术品的纯情精神特性的精神哲学。但是在他的理论中，全部的精神活力只是包含在并耗费在直觉的形成上。当这个过程完成时，艺术创造也就完成了。随后唯一的事情就是外在的复写，这种复写对于直觉的传达是必要的，但就其本质而言则是无意义的。但是，对一个伟大的画家，一个伟大的音乐家，或一个伟大的诗人来说，色彩、线条、韵律和语词不只是他技术手段的一个部分，它们是创造过程本身的必要要素。

平心而论，卡西尔对克罗齐的批评有言之过重之处，因为克罗齐并不是完全不管表现方式，也不是把表现方式完全看成是一种技术手段。但是，卡西尔在这儿鲜明地提出了**让直觉“在一种特殊物质中的具体化”**，即**给直觉以形式**的问题，确实对克罗齐作出了重要的补充和校正。

艺术形式，是客观自然形式和主体构建形式的一种融合。从本质上说，它带有强烈的主观色彩，是艺术家对人类经验、人生哲理所作出的组构；但是这种组构形态却又要借助于客观自然形态，以期构成一个能够调动广泛感应力的层面。于是，这就为心灵的体现和传达，创造了“第二自然”。艺术中的“第二自然”主要是手段而不是目的，它为主体构建提供了一个实现和展开的方式，因而基本上属于形式的范畴。它既是对客观自然形式的提炼，又与艺术家的心理形式处于对应或**同构关系**之中。因此，**艺术形式，也可看成是艺术家的心理形式对于客观自然形式的占有**。心理形式也在客观化的过程中加固和调节了自身，**这就像河水有了河床才能成为一条河。**

由于艺术形式联结、融合了客观自然形式和主体心理形式，因此它有能力提供两层直觉：因客观自然形式的直观性而提供可触可摸、可视可睹的浅层直觉；因主体心理形式的复杂包容性而提供震撼整体的深层直觉。

苏珊·朗格的代表作《情感与形式》英文版

艺术形式，是对艺术直觉的提炼，也是对艺术直觉的允诺；是对艺术直觉的耗用，也是对艺术直觉的保存。

为此，艺术形式也就是一种直觉形式。种种意蕴、情志，都要以直觉形式呈现出来。我们既可以说它是情感的直觉形式，也可以说它是理念的直觉形式。苏珊·朗格说艺术是情感的形式，黑格尔说美是理念的感性显现，都是把视点归结到直觉形式上的。直觉形式背后所包罗的，几乎是艺术家的整体生命。

苏珊·朗格在论述情感的形式这一命题时看到了这一点，认为这种形式实际上是“**生命活动的投影**”，“它们的基本形式也就是**生命的形式**”。这是很精辟的论断。因此，艺术形式也可获得这样一种概括：**生命活动的直觉造型**。这种理解，其实也已逼近克莱夫·贝尔所提出的“**有意味的形式**”的命题。

上文说过，内在意蕴的直觉化是内在意蕴的一种升华，现在我们可以进一步看到，一旦这种直觉被赋予了一个有魅力的形式，那么，内在意蕴便趋向确定化和提纯化，从而具备更大的审美效能。从这个意义上说，形式的创造和意蕴的开掘是同步的。在此还需引述卡西尔的一段论述：

> 艺术家是自然的各种形式的发现者，正像科学家是各种事实或自然法则的发现者一样。各个时代的伟大艺术家们全都知道艺术的这个特殊任务和特殊才能。列奥纳多·达·芬奇用“教导人们学会观看”（saper vedere）这个词来表达绘画和雕塑的意义。在他看来，画家和雕塑家是可见世界领域中的伟大教师。因为对事物的纯粹形式的认识绝不是一种本能的天赋、天然的才能。我们可能会一千次地遇见一个普通感觉经验的对象而却从未“看见”它的形式；如果要求我们描述的不是它的物理性质和效果而是它的纯粹形象化的形态和结构，我们就仍然会不知所措。正是艺术弥补了这个缺陷。

在艺术中我们是生活在纯粹形式的王国中而不是生活在对感性对象的分析解剖或对它们的效果进行研究的王国中。

《人论》

这种能够“教导人们学会观看”的直觉形式，一旦发现就能构成对意蕴和对象本体的超越。在这个意义上，是形式使内容走向普遍，走向长久。不少美学家注意到了这样的审美事实：**深层的内容很快被人淡忘，而它的呈现形式却长刻人们心头。**

人类艺术文化的发展过程，也就是主客观的意蕴渐渐构组成形式、转化成形式的过程。随着社会理性能力的提高，越来越多的深刻意蕴转化到了达·芬奇所说的可供观看的层面，意蕴也就积淀成了形式。因此，艺术形式也就是艺术意蕴的历史纪念碑。

在这方面，艾兹拉·庞德和托马斯·欧内斯特·休姆所建立的“意象主义”命题很值得注意，而且对创作实践有具体指导价值。他们认为，艺术中的“象”对于“意”的表达必须是直接的、瞬间的，而且是精确的，而意象一旦产生，则必然有诗的本质。

我们应该援引一些具体的实例了。

二　情感的直觉造型

中国现代作家朱自清的散文《背影》常被人说成是一篇至情佳作。这话并未说错，但却远未道出此文成功的秘密。我们读到过许多纪念双亲的赤诚文章，但感染力却不及《背影》。在文学中，人们一贯相信的所谓“自己感动几分，就能感动别人几分”的信条极不可靠。《背影》最值得注意的，是情感和文字之间的一个**中介结构**，那就是**情感的直觉造型**。

《背影》老版

这种情感的直觉造型在《背影》中处于中心地位。作者写自己北上读书，父亲在繁忙中渡江相送到车站，在车站把一切都安排、叮咛妥帖，本可回去了，却突然想到要穿过铁道去买几个橘子给儿子在路上吃。作者就以朴素的笔调描写了他当时看到的一幅图景：

> 我看见他戴着黑布小帽，穿着黑布大马褂，深青布棉袍，蹒跚地走到铁道边，慢慢探身下去，尚不大难。可是他穿过铁道，要爬上那边月台，就不容易了。他用两手攀着上面，两脚再向上缩；他把肥胖的身子向左微倾，显出努力的样子。这时我看见他的背影，我的泪很快地流下来了。

这就是一个比较出色的情感的直觉造型。读过这篇散文的读者，往往会不记得文章中的直接抒情言词，却会记住这个蹒跚、

肥胖、吃力的背影。在许多场合，还会产生联想。这个背影，颇像苏珊·朗格所说的生命关系间的“投影”了，因此，成了这篇散文的主要形式构件，或者说是其中一个“有意味的形式”。

许多诗文并不缺少真实的激情，却缺少这种直觉造型。结果，情感就流散不定，构不成交汇点，也失却了发射力。在这一点上，列夫·托尔斯泰在他的艺术论中的主张显然是有偏颇的，他强调情感对艺术的重要意义是不错的，但他断言只有亲自感受独特情感的人才会寻求到最为妥当清晰的表现方式，则倚于一侧了。这仍然是那种把内在精神和外部体现混为一谈，结果把外部体现看成是一种消极衍生物的观念在起作用。像托尔斯泰这样的艺术大师执持此论，多半是由于他自己在外部体现上已从容娴熟到了不露印痕的程度，因而产生了对外部体现的漠视。当然，这也反映了艺术流派上的差别，托尔斯泰可以属于以现实主义为基点的体验派艺术家，这一派的艺术家大多热心寻找艺术创造的心理动力，而疏淡物化体现。

我国艺术界长期受体验派艺术的影响，执意寻找心理动力，甚至以此来裁断艺术创造活动的优劣，不注重形式的寻求和构建，还再三地批判实际上未必存在的“形式主义”。一位青年电影女演员未能演好旧时代的一名歌妓，评论家们都众口一词，说是由于她太年轻，没有体验。大家也都觉得言之有理。其实，如果这种认识是正确的，那么，莎士比亚、莫里哀、关汉卿、王实甫、汤显祖的戏都不可能在今天演出，因为哪一位活着的演员相对于这些剧作都太年轻，更谈不上切身体验。实际上，连成功地演出了《茶馆》的于是之他们，也并没有在当年的茶馆中泡过，更没有那些垂老茶客们的心理体验，但他们终于找到了那段生活的**内在形式**，并把它体现在自己的气貌行止上，构成了直觉造型。

在这个问题上，切身体验可以是发现内在形式的有利条件，却也可以变成阻力。对此，不少艺术家常常让自己上当——上了自身强烈的情感体验的当。**必须凝练这些情感，沉着地走向形式，走向直觉造型。**

"此身只合诗人未？"这还只是一种茫然的情绪；"细雨骑驴入剑门"，一下子让情绪凝聚为一种直觉造型，于是流传千古。

冯骥才的小说《高女人和她的矮丈夫》的艺术亮点是在最后一个景象的描写上，那时高女人早已死去：

> ……逢到下雨天气，矮男人打伞去上班时，可能由于习惯，仍旧半举着伞。这时，人们有种奇妙的感觉，觉得那伞下好像有长长一大块空间，空空的，世界上任什么东西也填补不上。

按照一般的小说创作观念，这只是一个机智而有余韵的结尾，其实在我看来，这个半举着伞的独身矮男人的造型，正是作家不经意地找到的人世间生命关系的投影。

我们在前面已讨论过艺术的哲理追求，那里留下了一个归结性的课题：在艺术中，连哲理追求也应体现在直觉形式上。或者说，艺术凭借着直觉形式来追求哲理。

给哲理以直觉形式——这是历代艺术家经常遇到的艰难课题。

三　让哲理直观

再复杂的哲理也能付诸直觉形式。在我国古代的小说中,《红楼梦》所蕴含的哲理够复杂的了，但是曹雪芹和续作者高鹗却一再努力把它们递交给外层形式，而不是像有些研究者所想象的，把哲理简单地封存在诗词、偈语中。例如,《红楼梦》最后一回写贾宝玉与父亲贾政的最后诀别就颇具形式感。那是贾宝玉参加科举考试而失踪之后，出门在外的贾政正在一条停泊着的船上写家书：

>……写到宝玉的事，便停笔。抬头忽见船头上微微的雪影里面一个人，光着头，赤着脚，身上披着一领大红猩猩毡的斗篷，向贾政倒身下拜。贾政尚未认清，急忙出船，欲待扶住问他是谁。那人已拜了四拜，站起来打了个问讯。贾政才要还揖，迎面一看，不是别人，却是宝玉。贾政吃了一惊，忙问道:“可是宝玉么？”那人只不言语，似喜似悲。贾政又问道:“你若是宝玉，如何这样打扮，跑到这里？”宝玉未及回言，只见舡头上来了两人，一僧一道，夹住宝玉说道:“俗缘已毕，还不快走。”说着，三个人飘然登岸而去。贾政不顾地滑，疾忙来赶。见那三人在前，那里赶得上。只听得他们三人口中不知是那个作歌曰：

我所居兮，青埂之峰。我所游兮，鸿蒙太空。谁与我游兮，吾谁与从。渺渺茫茫兮，归彼大荒。

贾政一面听着，一面赶去，转过一小坡，倏然不见。……贾政还欲前走，只见白茫茫一片旷野，并无一人。

旷野寒江，光头赤足，却仍披鲜红颜色，一声不响，似喜似悲，僧道相持，飘然不知去向……这无疑是一个复杂的哲理构架，却化作了一个直觉性很强的动态造型场面。**它把哲理融解了，于是哲理也可以直观了。**

毕加索

毕加索说："观念与情感终于在画幅之内成了俘虏。无论怎样，它们不再能逃出画幅了。"如果我们把画幅作广义的理解，那么，这一切确实也都逃不出艺术的直觉形式。

四 "佛像效应"

显而易见，我们对艺术形式问题提出了近乎苛严的高要求。

我们所举的例证，在内外浓度上已宛若具有象征意蕴的雕塑，其实并不是所有艺术形式都要这样，都是这样，反而失去了不同形式对于不同内容所需要的有机整体性。

然而，极致式片断的例证却具有很高的理论价值，它们从根本上否定了艺术形式的被动性，从而也透露了艺术形式的本质。

如果要以中国古代的艺术理论来印证，那么，我们在这里所取用的“形式”概念，与“文、质”关系中的“文”相异，而与“神、象”关系中的“象”相近。

中国古代艺术家在论述“文、质”关系时，不乏精辟见解，有的还正确地指出了两者紧密的依存关系，但总的说来，这对概念的创立，是以它们的对峙性为前提的。因此，尽管孔子早在《论语·雍也》篇中提出过“质胜文则野，文胜质则史，文质彬彬，然后君子”的平衡原则，在具体的历史过程中却很难实现这种平衡。例如墨子主张“先质而后文”，韩非认为文和质有着天然的矛盾，佳质不必文，而“恃貌”、“须饰”之质，必然是衰恶之质。宋代理学家们更堕极端，干脆认为“文”是“害道”的了。为了纠正这类偏向，历代艺术家和艺术理论家一直呼吁两者的依存关系，刘勰提出过“文附质”、“质待文”的观点，李白申述过“文质相炳焕”的艺术理想，王夫之则进一步论述过“文因质立，质资文宣”的有机统一论。

这中间，哲学家王夫之的意见体现了令人满意的深度，他已注意到“文”的概念与“质”的同一性，并把它提升到“象”的意义之上。王夫之说：

物生而形形焉，形者质也。形生而象象焉，象者文也。形则必成象焉，象者象其形焉。

欲损其文者，必伤其质。犹以火销雪，白失而雪亦非雪矣。盖离于质者非文，而离于文者无质也。

《尚书引义》

王夫之

可见，王夫之的有机统一论已从根本上不同于“文质彬彬”的两相平衡论。

这种有机统一论与“神、象”关系论有紧密的联系。东晋时代的佛学领袖慧远曾出色地论述过神、象关系。按他的说法，神灵是不灭的，但它本身缥缈无形，可以从一个形体传到另一个形体（“神之传异形”）。**形体本来可能也有一些世俗习惯性的意义，但一旦神灵负载其上，形体的意义也就随之而变、随之而定。不管这种形体的惯常含义是什么，都让人发现目前寄寓其上的神灵，于是形体指向着一种远远超越自己的意蕴；神灵本身虽不灭不穷，但要面对世界和俗众，还须寄予特定的形体，形体限定了它，又弘广了它。**

这样的理解，就不存在意蕴和形体之间在对峙的前提下如何

慧远

平分秋色、保持均衡的问题了。**意蕴和形体因相遇而各自改变了自己，实现了自己。**

应该特别注意这里关于神灵和形体之间的关系的理解。形体是可以负载神灵的，而且要让人快速发现神灵，于是形体也就有了偶像的功能。

这是艺术表现的极高等级。

慧远在《万佛影铭序》中说："神道无方，**触象而寄**"；在《阿毗昙心序》中他又说："仪形群品，**触物有寄**"；晋郭璞在《山海经序》中说："游魂灵怪，**触象而构**，流形于山川，丽状于木石……"；刘勰在《文心雕龙·神思》篇中说："**神用象通**"；在《比兴》篇中他又说"**拟容取心**"……这一些命题，有一点近似，那就是着眼于精神与形体之间的关系。

精神，只有附体于"象"，才能完成自我构建，于是，种种物象，也就成了各种精神的外化形状。这种意义上的"象"，完全成了精神的构建者和融解处，它与神的关系，就没有文质之间"文胜质"、"质胜文"的二元关系了。不难看出，这与现代艺术家对形式的高要求有明显的相通之处，与庞德、休姆的意象主义也有明显的相通之处。

这种高功能的形式颇像佛像对于佛教精神的吐纳，我故称之为**"佛像效应"**。对此，我们可以比较一下佛像与一般塑像之间的差别。

一般的人物塑像也存在一个形式与内容、形体与精神、文与质的关系问题，佛像则不同，它是要借用一个形体，来承载一种普遍佛理。承载过程也就是具体构建过程。世俗众人，并不是直接从佛经，而大多是从佛像中领悟佛理的。因此，**佛像不仅吸纳万千经文于一体，呈现为一个庄严慈祥的直觉形象，而且震撼万千信徒于一瞬。**

佛像

慧远在《襄阳丈六金像颂序》中论及过佛像对于佛理、对于信徒的两方面效能：

> 拟状灵范，启殊津之心；仪形神模，辟百虑之会。

如果说，佛像是佛理奥义与广大世俗信徒的一种直觉联结形式，那么，**现代艺术家追求的“有意味的形式”、“生命的形式”，也是他们所理解的人生哲理、生命底蕴与广大欣赏者的一种直觉联结形式。**

我们前面所举的一些例证，在形象呈现的总体方式上，近乎

佛像

一般的人物塑像，但在我们称道的关键部位，却产生了片断性的**“佛像效应”**。在这些片断中，形象的姓名、归属无关紧要了，它们突然倾泻出来的普遍意蕴，使广大欣赏者不得不从俯视、平视转化成仰视，从一般欣赏转化为震颤性体验。

五　内容不是问题，形式才是

与传统艺术家相比，现代艺术家更是在苦苦地追求着**形式上的高能效应**。

1956年6月，法国当代作家夏布洛尔撰文论述**真正让全世界作家苦恼的不是内容问题，而是形式问题**。他说：

> **对我来说现在最主要的不是写什么，而是怎样写**。全世界有许许多多青年作家都为这个问题伤脑筋。我们选定了未来，我们选定了世界。我们大约知道，无论怎么说也大体上知道写什么。但是怎样写？对于我们这些业已作出选择的人来说，没有解决的是形式问题，而不是内容问题。

他还举例说明，在许许多多现代场合，**形式上的高能效应具有极大的震撼力**。苍蝇和黄蜂一般说来对艺术没有什么意义，但把它们放大的图像投影到屏幕上，你们就会看见它的眼睛、惊人美丽的眼睛像无数小镜片一样闪闪发光，而那些巨大的毛茸茸的爪子，却又可怕极了。可见，**展现方式有时远比内容重要**。

与雷乃一起合作拍摄被称之为现代主义意识流高峰的作品《去年在马里昂巴德》(1963年)的艺术家罗布格里耶曾为《当代文学词典》写过一个“新小说”的条目，其中有这样一句名言：

> 我们不再信服僵化凝固、一成不变的意义，……只有人创造的形式才可能赋予世界以意义。

这很可看成是许多现代艺术家的形式观念的一个集中概括。

在他们看来，只有这种形式，才能体现出意义本身的构成力量（formative power），因此才能能动地勾勒出世界的意义。

基于这种认识，“佛像效应”在现代社会就会更有活力了。**人们吐纳、提炼了千百年的意义渐渐淡去，新世界正以一种强大的形式的力量重新构建，而且，所有的形式都关及美。**

第九章　象征

一个可触可摸的直觉形式构建出了一种宏大而深刻的意蕴，艺术的这种追求，使它无可避免地踏进了象征的天地。于是，我们需要紧接着来谈谈象征。

象征，就是有限形式对于无限内容的直观显示。按照谢林的说法，美就是从有限通向无限。因此，任何美学现象和艺术现象都或多或少地带有象征的色彩。

艺术，就其本质而论便是一种象征。法国前期象征主义的代表波德莱尔认为，在艺术家眼中，世间万物都在互为象征，组成了一个“**象征的森林**”。后期象征主义的代表人物瓦莱里认为，象征主义既追求高于现实世界的精神世界，又要把精神世界凝聚在个体生命力上，是一种极大和极小之间的呼应。叶芝则认为，在艺术中，一切文本都包含着“**连续的难以言喻的象征主义**”。他主张的象征主义，必须挣脱就事论事和外在意志的干扰，找到一

波德莱尔

科勒律治

爱德华·希克斯作品

种充满生命力，又经得起不断开掘的形式。

他们所说的象征主义，集中在诗歌中。我们这儿所说的是一种宽泛意义上的象征，近乎日本文学评论家厨川白村所说的“广义的象征主义”。

那些能够产生“佛像效应”的直觉造型，既包含着造型借以构建的客观媒材的习惯意义，又大大地超越了这种意义，这就是很高等级的象征。比较容易引起异议的是那些再现性、模仿性较强的艺术，它们难道也是象征吗？也是象征。再现和模仿，很容易被看成目的，其实只是手段。

我比较喜欢科勒律治对于象征的表述。他把象征透过表层形式窥视深远蕴藏的特点，概括为“**半透明**式地反映”，颇有理论价值和实践价值。

他说，象征的特征是“在个性中半透明式地反映着特殊种类的特性，或者在特殊种类的特性中反映着一般种类的特性……最后，通过短暂，并在短暂中半透明式地反映着永恒”。

“半透明”这个比喻，十分形象地说明了象征所凭借的本身形态和所象征的内容这两者的“隔层同视”关系。

作为外层的物象形态应该是清晰可睹的，但这又不能成为阻隔人们视线的屏障，人们可以透过它而看到藏在它背后，又比它广阔和超逸的意义。这种“透过”，不是靠逻辑推导，不是靠探幽钩沉，而是双层次的同时呈现。不过，正因为外层清晰可睹，内层的显现难免会有一些模糊性，这种模糊给予欣赏者以宽泛意会的可能，这就形成了半透明结构。

在象征的半透明结构中，外层的透明度有着很大的差异。**不少写实的作品着意张罗外层图像的清晰性和细致性，致使内层结构难于被人们发现，这就是低透明度的结构；反之，不少对内在意蕴追求比较急迫的作品则疏淡于外层图像的实在质地，这就是高透明度的结构**。低透明度结构的作品，容易使人误解成单层结构——以外层为主宰；高透明度结构的作品，也容易使人误解成单层结构——以内层为主宰。其实，不管哪一种透明度，都应该力求保持内外皆备的立体结构。在任何一个层面上一览无余，都不足取。

典型化是试图跨越两层的一个办法。人们在领略外层形象的同时，可以联想到它所包含的某些普遍性，宛如睹见一个“熟悉的陌生人”。“陌生”，就它的外层形象而言；“熟悉”，就它所融解的深层普遍性而言。

典型化的两相跨越，是以“融解”为归结的。融解了普遍性的单个形象即是典型形象，融解了普遍性的具体环境即是典型环境。典型形象之所以不同于其他形象，就在于它对人物的精神归属和社会环境具有很大的涵盖面。

但是，典型化过于执著于形象本身的丰满自足，结果常常使它陷入了一种封闭性。人们虽然可以从典型形象联想到更广阔的内容，但这种联想对欣赏者来说带有很大的自发性和随意性。典型形象在通达自己本应通达的涵盖面时，存在着两重无形的障碍：一是由形象通达普遍性意蕴的障碍，二是由形象通达广大欣赏者内心的障碍。

广义的象征与之不同。以山间景观作比，如果说，典型化是为游览者们提供一座很有代表性的小山，那么，象征则只是为游览者们提供一个**望景台**，它的根本意义在于它的**指向性**。

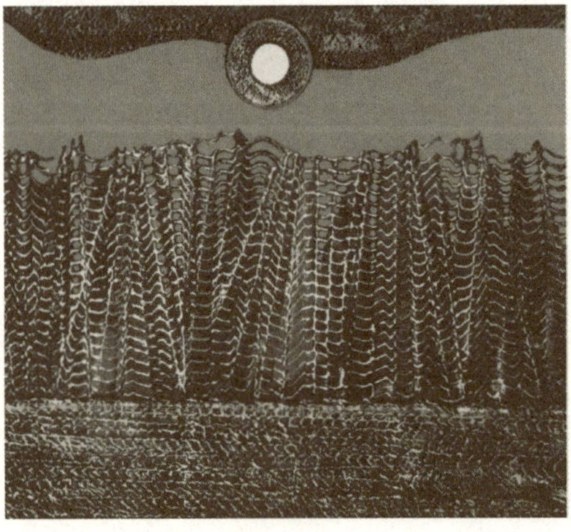

罗克斯·恩斯特作品

为什么典型化一度在我们的艺术领域中成了排他性很强的基本途径呢？这与我们在主客观关系上长时间地偏侧于客观，轻慢了主体精神有关。典型论在精神上强调对客观现实的直捷概括，在形态上强调对客观现实的模仿和逼似，因而它的成果主要是写实主义艺术。写实

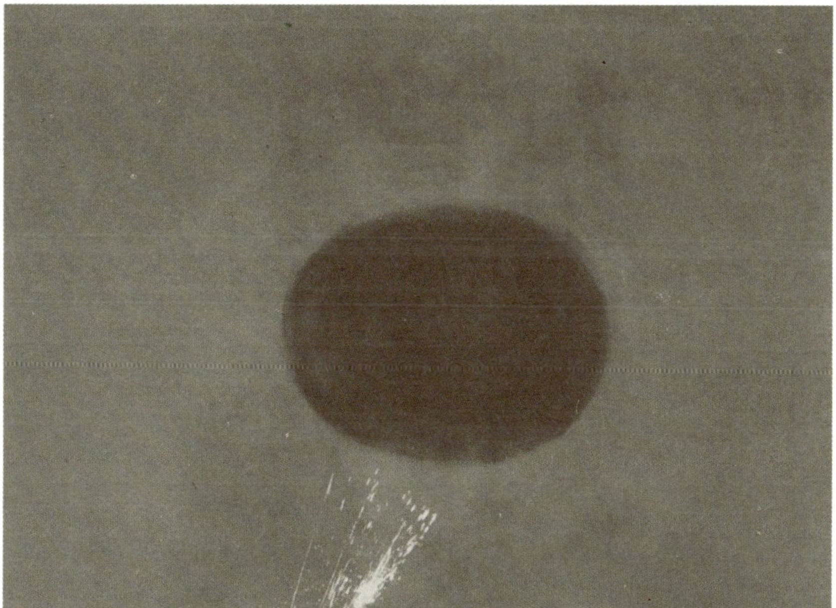

阿道夫·葛特列伯作品

主义的典型论追求着一种单层凝聚结构，与象征所追求的松开而超逸的多层半透明结构有根本的区别。

艺术的象征大体上可分为**部件性象征**和**整体性象征**两大类别，每种类别又可分为多种方式，下分述之。

一　符号象征

《美学》中文版

符号是象征的部件和语汇。因此，符号象征是一种部件性象征。

苏珊·朗格说，艺术是人类感情的符号形式的创造。这一命题，很好地突出了艺术的象征性和感情的符号化本性。

显然，这是现代人对黑格尔论述过的“象征型艺术”的重新唤醒。黑格尔在《美学》第二卷中指出：

> 象征首先是一种符号。不过在单纯的符号里，意义和它的表现的联系是一种完全任意构成的拼凑。这里的表现，即感性事物或形象，很少让人只就它本身来看，而更多地使人想起一种本来外在于它的内容意义。例如在语言里，某些声音代表某些思想情感，就是如此。……在艺术里我们所理解的符号就不应这样与意义漠不相关，因

为艺术的要义一般就在于意义与形象的联系和密切吻合。

黑格尔在这里指出的“单纯的符号”与艺术象征符号的区别，至今值得我们重视。不少艺术家在作品中习惯于用大量对话和叙述语言，而不习惯于用语言组织意象，这就没有发挥艺术象征符号的特长，把艺术符号与一般的语言符号混同了。语言符号也有可能成为艺术符号，但是，非形象的意义阐述，或缺乏象征意义的形象描摹，都有违于艺术的职能，当然也算不上艺术符号。

在一定程度上可以说，一个艺术家是否擅长运用艺术符号，标志着他艺术本能的强弱。

一位身患绝症的病人经过手术终于延续了生命，主治医生松了一口气，在手术记录上满意地画了一个圈。这个圈，就是一般符号，它与手术成功的联系，是黑格尔所说的“一种完全任意构成的拼凑”，只有这个医院的医生才能懂得。因此，它虽然此时此刻标志着病人重新获得生命，但就圈本身的形态却与医疗和生命没有建立一望即知的意义关系，或者说，它与意义处于一种“漠不相关”的状态。

我曾在一部电视作品中看到过一个小小的细节，倒可以借来说明问题。已经到了该做完手术的时间了，等待的人群神色惶恐。突然，非常巧合地从附近产科病房里传来一个新生婴儿的啼哭声，现场气氛一下涣释了。

在这里，碰巧传来的婴儿啼哭声成了一个艺术符号：它已失去了婴儿本身的姓名和归属，**升腾为一种抽象**。但这种抽象让人一听就懂，立即领会艺术家所递送的信息内涵。

艺术表现上许多成功的曲笔，常常就是对艺术符号的机智采用。从心理学上说，艺术的符号象征是对**“异质同构”**关系的一种调动。这种调动，比许多单质单构、异质异构关系远为深刻。

世界的审美联系，就是由无数“异质同构”网络组合成的。世界因处处有可能存在的“异质同构”，而变成了审美意义上的有机整体。人们发现各种部件之间的对应关系，实质上也就是发现了客观世界和人类生活存在着有魅力的呼应关系。人们因此而互相确认、互相映照、殊途同归、会心相对。

艺术符号之所以能产生审美快感，还可解析出多方面的心理原因。

首先，符号的抽象性使寄寓的物象提升到抽象的高度，使**欣赏者面对具体物象而获得一种广阔感和自由感，**正如康定斯基所说，抽象的艺术（即符号化的艺术）的心理效果必定更广阔、更自由、更富于内容；

其次，符号的通用性带来审美上的同步性，因而使**创造者和欣赏者一起产生一种略带隐蔽的社会认同感；**

再次，**符号的跳跃性使欣赏者享受了一种以少胜多、由此及彼的想象、思考、联结的自由，发挥了他们的审美主动性。**

画家克尔希奈说：“我的画幅是比喻，不是模仿品。形式与色彩不是自身美，而那些通过心灵的意志创造出来的才是美。那是某种深秘的东西，它存在于人与物、色彩与画框的背后，它把一切重新和生命、和感性的形象联结起来，这才是美——我所寻找的美。”他所说的比喻，是通过艺术符号来完成的。他把比喻提到如此的高位之上，实际上也就是从更超然的角度重申了艺术的本质，呈示了艺术与符号的自然联系。

有的艺术符号挣脱了比喻格局，以自身的提纯和抽象见长。中国戏曲脸谱对于色彩的运用，汉斯力克主张的音乐对于乐音的运动形式的提炼，都是突出的例子。把一切寻常俗态提炼为色彩的组合、乐音的形式、动作的程式，这是一种艺术抽象。艺术抽象不同于理论抽象，亦在于此。

艺术符号最容易凝固，也最怕凝固。抽象性和通用性使艺术符号在本性上已趋向于凝固，但一旦凝固，符号本应激发的审美跳跃就不存在了，它可能刺激想象的力度也急速失去，本来饶有兴味的审美门径成了不需破译的明码信号。到了这种地步，艺术符号存身的必要性也就不明显了。它们甚至因索然无味而又转弯抹角，招致人们的厌腻。比如，“人生如梦”、“时光如流水”、“花一样的女孩”等比喻，刚发明出来时，是很漂亮的比喻，但随着人们的长时间沿用，已经趋于固化，不再能引起人们的联想，成了很俗气的话。

艺术符号与生活中的一般符号的不同之处，在于它并不直接对应它所表征的对象。照苏珊·朗格的说法，它是一种“衍化性符号”，因此更不能因重复而确定，取消它的衍化性。

意大利符号学家艾柯认为，艺术符号是一种“发明型符号”。在古典艺术中，由于它的出现有一整套“与审美经验配套的世界观”，人们接受它时差异较少；而在现代艺术中，一切世界观、价值观都受到怀疑，艺术符号运用的共同背景失落了，因此发明性更强。而且，在很难有共同语境的情况下要让这些“发明型符号”被广大读者接受，更是一项“发明”。其间的最低原则是，不宜重复，不能凝固，永远刺激接受者的理解机制。

艺术符号既要抽象而通用，又要常换常新，使欣赏者永远保持审美愉悦，确是一件难事。一般符号以凝固为好，交通标记、物品标记、职业标记，都追求着通用和固定，但艺术符号却因本身形态和喻指精神的新鲜多变要求而不可凝固。

真正的艺术家，应该是艺术符号的制定者，而不应仅仅是艺术符号的沿用者。

二　寓言象征

许多艺术用符号进行象征，也有一些艺术则在**整体上**变成了一个**符号**，那就是整体性象征。

塞尚认为，模仿宇宙的最高方式，不在于描述细节，而是“象征式”地重新创造那个结构。这种根据象征的需要而重新创造出来的整体结构，就是整体性象征的主要特征。

弗拉戈纳尔作品

整体性象征可分为寓言象征和实体象征。这里先说寓言象征。

寓言象征的主要特征是以一个不避怪诞的外部故事直指哲理内涵，而这个哲理内涵就是作品的主旨。之所以采用“寓言象征”这个名称，是因为历史上广为流传的寓言已展示了这种象征的力量和特色，只不过一般的寓言，篇幅较小，所寄寓的道理大多带有简易的劝诫性质罢了。

寓言象征在寓言上汲取了几方面的营养：

一、把以此喻彼、以表喻里的半透明结构锤炼成一个整体，而不仅仅是一些部件；

二、在此与彼、表和里的关系上，明确地偏侧于彼，偏侧于里，即清楚地承担着阐释内在意蕴的任务；

三、为了服从内在意蕴，外部层面突破了生活实态，无拘无束地虚构，自由自在地拼接，生物和无生物都有了人的灵魂，而一切人则又成了某种品格类型的符号。

寓言的兴盛，无论考之于古希腊的《伊索寓言》还是考之于中国春秋时期诸子百家著作中的寓言，都是人类智能勃发和审美自由度上升的一个表征。在寓言中，人类的智能，既表现在它要表述的道理上，也表现在它的表述方式上。它的表述方式，是根据意蕴需要锻铸一个怪诞而又可感知的故事，既让人们能轻易进入，又让人们保持住符号意识（这正是怪诞的重要功用，如果没有怪诞，读者极有可能把寓言故事当做真实故事）；利用这种符号意识，作者不难把人们带入到一种预设的哲理企图中。哲学家们利用寓言方式把艰深的奥义播扬到大众之间，但正因为这已是一种感知化了的奥义，因此又具备了足够的美学价值。

卡夫卡

从卡夫卡到贝克特、尤涅斯库，无一不是运用寓言象征的大师。在中国现代，鲁迅《故事新编》和《野草》里的许多篇什，也曾引人注目地运用了寓言象征。寓言象征，是现代艺术思潮与古老的集体意识之间的一个重要交汇点。鲁迅在这个交汇点上又一次显示出了他超越其他中国现代作家的高度。

要深入地了解现代艺术中的寓言象征，最好是从卡夫卡入手。卡夫卡的中篇小说《变形记》和长篇小说《城堡》、《审判》、《美国》，不失为现代寓言象征的里程碑式的作品。《变形记》写小职员格里高尔一朝醒来变成了一只大甲虫，立即遭到了人们的厌弃，他爬来爬去，自惭形秽，孤独而又惊恐，最后悄然死去，人们才如释重负。卡夫卡发现了人与人关系的脆弱、勉强和虚假，他设想一旦在这种关系中投下一个变数——例如形貌上的突变，那么，关系之网便立即会变成令人窒息的屏障。于是，这种设想就变成了寓

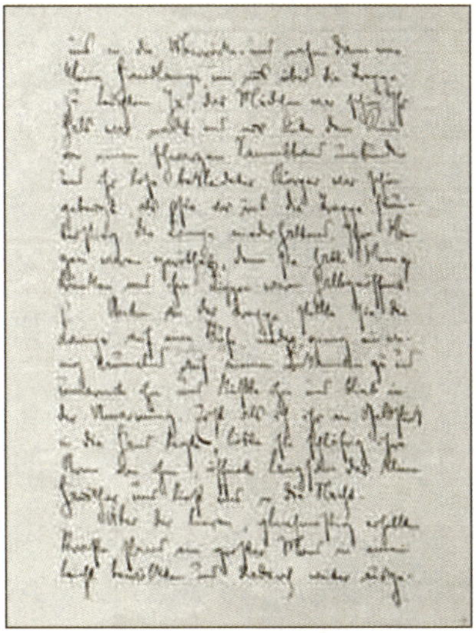

卡夫卡手迹

言。《城堡》写主人公K千方百计要想进入一座城堡定居，但是，尽管城堡就在眼前，路上也看不到障碍，就是无法接近，努力越大，距离越远，最后终于被勒令离开（《城堡》为未完成作品。据说，小说全局的结尾应是：城堡最终同意K进入，但此时K已因劳累而临近死亡）。

在这里，城堡有着丰富的象征意义，K也有着丰富的象征意义，两者都具有符号性质，而两者的组合，则构成了寓言。

《审判》写一个银行经理突然被法庭宣布有罪逮捕，他到处延请律师为他辩护，终于发现法庭原来是背后倚靠着一个官僚机构的机器。经理想到自己一直是这个官僚机构的一员，反倒真正感到自己有罪了。因此当两个黑夜使者把他押到废墟杀害时，他本可呼喊求援的，却也放弃了，束手待毙。这部小说里的银行经理包含着两重象征：既象征着官吏，又象征着被欺凌的普通人。官吏把银行经理处死了，实际上是同一个人的这一半处死了那一半。这次处死，还象征着法律既可能公正，又无法公正的悖论。这些课题，当代西方作家还在非常热衷地竞相表现着，卡夫卡却是如此早早地把它们一一纳入一部作品之中。

卡夫卡的卡通肖像

《美国》写一个无辜的欧洲少年在美国的险恶经历，但卡夫卡自己从来没有到过美国，他说的“美国”，是一个借用名词，实际上是一个寓言化的世界，欧洲少年也是一个带有一定抽象性的人物，他受到一种超越他自身的力量的播弄，投身世界，走向毁灭。

总之，卡夫卡以强烈的现代寓言象征，开启了一个时代性的艺术天地。在他之后，许多艺术家都受到过他深刻的启发，例如萨特就是其中突出的代表。

可以举出一连串长长的例子证明，20 世纪以来许多闻名遐迩的杰作都在或多或少地向着寓言象征靠近。我们不妨继续听听以下这些奇特的故事——

一位 1289 年出生的人在 20 世纪中期还活着，已活了六百多年。一位女演员也想不死，便抛弃原先的男友与这位六百多岁的人生活在一起，企图借助他而永恒。但是，他却悄悄离开了她，她到处追寻，等到最后她找到他时，他对她说：人的幸福不在于人的不死，而在于人都会死。他的长生不死是一种厄运，为了改变这种厄运，他已奋斗、挣扎了几个世纪。（西蒙娜·德·波伏瓦：《人无不死》）

波伏瓦

一位哲学教授的全家在一个岛上别墅消夏，教授的太太和女儿都被客人们追求、爱慕着。只有小儿子向往着开窗可以望见的灯塔，教授太太原答应明天带小儿子到灯塔去玩，但一夜风雨只得取消这个计划。很多年过去了，教授的太太和女儿都已死去，别墅早已荒芜破败……直到第一次世界大战结束，这个人事已非的家庭才又一次来到岛上别墅消夏，终于驾着小艇到灯塔上去了，一切都轻而易举，但好像又有一种莫名的创造力在悄悄复苏……（弗吉尼亚·伍尔夫:《到灯塔去》）

《百年孤独》英文版

哥伦比亚某地一个家族在沼泽地上创建了一个村庄，代代相沿，村庄又变成了市镇。但是，近亲结合曾使这个家族产生过畸形儿，这个恐惧一直威胁着这个家族，到第六代，一个长着猪尾巴的畸形儿又产生了。市镇最终被旋风卷走，而这个家族的最末一代人则被蚂蚁吃掉。（加夫列夫·加西亚·马尔克斯:《百年孤独》）

法国的一个小城中突然出现了一头犀牛，后来犀牛越来越多，原来城中的不少人都一一变成了犀牛。大家都以变成犀牛为时髦了，一位坚持不肯与犀牛为伍的公务员反而显得十分孤立，就连他的女友也离开了他，奔向犀牛群。但他决心以一个孤独的人的身份来对付犀牛世界。（欧仁·尤涅斯库:《犀牛》）

一个孤岛上的两位九旬老人决定向人们宣布人生奥秘，在屋子里放满了迎接客人的椅子。客人来了没有？不知道，面对着拥挤不堪的椅子，老人委托一位演说家代为宣布，然后双双跳海自尽。但这位演说家是个哑巴，又写不清文字。人生的奥秘，到哪儿去听？（欧仁·尤涅斯库：《椅子》）

三位神仙来到中国四川首府，希望寻找一个好人。找来找去，只见妓女申黛是个好人，便留下一点钱给她开店。申黛开店后乐善好施，结果前来敲诈的人颇多，穷于应付。申黛无奈，幻化为一个心狠手辣的表兄水达来治店，店业立即发达。人们找不到善良的申黛了，以为是水达害死了她，到法院告发，在法庭上，水达才变回到申黛，她说：既要我行善，又要我活，这等于把我劈成两半，因为行善的人就没法活。（贝托尔特·布莱希特：《四川好人》）

迪伦马特

神圣的西罗马帝国受到日耳曼民族攻击，摇摇欲坠，但它的皇帝却还成天热衷于养鸡，遭到臣子和家人的鄙弃。其实他早已看出罗马无可救药，以送葬者的身份看着它的灭亡。他最后在宫廷里遇到了入侵的日耳曼人的君主，没想到这位君主也热衷养鸡，他打到罗马来，实际上是来“归顺”罗马的，因为他已看出年轻的继承者居心叵测……（弗里德里希·迪伦马特：《罗慕洛大帝》）

一位伟大的物理学家研究出了一种可以发明一切的理论体系，怕被政客们利用来制造武器，便伪装成精神病人住进了疯人院，东方和西方的情报机构各派一名科学间谍也住进了疯人院。

他们这些假病人分别都爱上了疯人院里的三个护士，但因被她们识破了真相而先后把她们勒死了。其实，这一切都由疯人院院长一手操纵着，她已取得了物理学家的研究成果，又抓到了三个人“因疯杀人”的证据。（弗里德里希·迪伦马特：《物理学家》）

一个拥有稀世巨产的女富翁回到了贫困的故乡小城，决定向小城赠送亿万巨款，条件是处死早年诱骗、抛弃了她的情人。小城人都说杀人不道德，但都垂涎着巨款，言行暧昧，最后，终于向女富翁献上了一具尸体。（弗里德里希·迪伦马特：《老妇还乡》）

一个深居简出的博士拥有一个极有价值的私人图书馆，长年埋首其间。四十岁时与一个女仆结婚，这个女人独吞了图书馆，把博士逐出家门。博士浪迹污秽之地，饱受毒打欺骗，最后才被营救回到了自己的图书馆，却纵火烧掉全部图书后自焚。（艾利亚斯·卡内蒂：《迷惘》）

我大量地例举这些故事，是为了让早就习惯了艺术理论书籍中永远遭遇概念的学生和读者，产生强烈的感性印象。这些故事，即便只是三言两语地被简单讲述，已经足以呈现出一种俯视苍生的宏观气韵。

这些故事，听起来似乎不近情理，却是一批举世名作的骨架。这些作品或长或短，或小说或剧本，都存在着一个寓言象征的结构。这里的地点都是随意的，事情发生在哪里都可以，正像卡夫卡没有去过美国而写《美国》一样，布莱希特也没有去过四川而写了《四川好人》。大家都变成了犀牛的小城在何处？女富翁的故乡在哪里？这不仅是无关紧要的，而且是断断推定不得的。在这些作品中，这个小城，那个小城，往往都被看成是世界和人生的缩影。历史上西罗马帝国的末代皇帝是不是像迪伦马特笔下的那样？肯定不一样，不可能一样。偶尔借用一下有过的史实细节（例如历史上的罗慕洛也喜爱母鸡，并把最喜爱的母鸡叫做“罗马”），也没有太复杂的深意，作者高兴，微笑着拈取一个枝节而已。

这些作品的情节，鲜亮生辣，富于刺激性，以出人意料来发人深思。现实生活中会不会发生这种事？当然不会。但是十分奇怪，它们又让你处处看到踪影。正因为无法寄身于一隅，所以它便属于生活整体；正因为无法取信于一种具体的真实性，所以它便走向了更宏大的真实；正因为它要避免我们在眼熟耳熟中厌倦，所以振聋发聩。

寓言象征是艺术创造的正路。不理解寓言象征，就会不理解百分之五十以上的世纪佳作。

在中国的文化传统中，寓言象征的成分也不小。在上古神话、先秦寓言、民间故事的基础上，很多古典小说如（《聊斋志异》、《西游记》、《镜花缘》，甚至《老残游记》，都包含着大量寓言象征的色素，即如最以写实名世的《红楼梦》，我们只要想一想“太虚幻境”，想一想宝、黛的来历及缘分，再想一想江南还有一个分裂体——甄宝玉的存在，就不能不承认寓言构架的存在了。没有这个寓言构架，《红楼梦》不会如此超凡脱俗、奇伟挺拔。

我在撰写中国戏剧史时曾指出过中国戏曲的寓言化传统。剧中的地点、时间、史实，大多不可深究，随取随用，大胆搭配，编成了一批批情理性寓言，且唱且演，通古达今，披盖十分广泛。中国戏曲的**类型化、公式化毛病**当然应该得到清理，但不能因此丢失了极为珍贵的寓言传统。

现代寓言大多洗去了讽诫目的，着力于体现人类的整体生存状态和集体深层心理。寓言所提挈的，是一种原型，一种神话，因此这样的寓言也可伸拓为蛮荒之美。例如美国阿尔文·艾利（Alvin Ailey）舞蹈团通过一组组寓言式的框架，表达了一个民族从原始时代至今的历史行程，宗教祭祀、自然风情、集体庆典、个人奋斗……寓言使模拟上升为典仪，气度崇高。

这些年的中国文学领域，已经出现了一些以怪异的寓言为筋络的作品。但遗憾的是，大多停留在寓言手法，而缺少宏大寓意，因此，还很难说得上是寓言象征。

三　实体象征

实体象征，是除了寓言象征之外的又一种整体象征。

事情仍可从海明威的《老人与海》说起。理论家和读者们高度评价了这部小说的象征手法，但海明威本人很不同意。他在给侨居欧洲的美国艺术史家伯纳德·贝瑞孙写信时曾说：

> 没有什么象征主义的东西，大海就是大海。老人就是老人。孩子就是孩子，鱼是鱼。鲨鱼全是鲨鱼，不比别的鲨鱼好，也不比别的鲨鱼坏。人们说什么象征主义，全是胡说。更深的东西是您懂了以后所看到的东西。一个作家应当懂得许许多多东西。

高龄的伯纳德·贝瑞孙收到这封信后写了一段话回答他：

> 《老人与海》是一首田园乐曲，大海就是大海，不是拜伦式的，不是麦尔维尔式的，好比荷马的手笔；行文又沉着又激动人心，犹如荷马的诗。真正的艺术家既不象征化，也不寓言化——海明威是一位真正的艺术家——但是任何一部真正的艺术品都散发着象征和寓言的意味。这一部短小但并不渺小的杰作也是如此。

海明威对象征的矢口否认，并没有阻止理论家们对这个问题的进一步研究。但是，海明威的自白是值得重视的，伯纳德·贝瑞孙的这段话后来受到海明威的赞许，更需要引起我们的注意。伯纳德·贝瑞孙顺着海明威的口气，得出了“任何一部真正的艺术品都散发着象征和寓言的意味”这一海明威原本难于接受的结论。看来，象征和寓言都是有的，但与通常人们所理解的却很不相同。

海明威所拒绝承认的象征，是那种写了海实际上并不是写海，写了鱼又实际上并不是写鱼的象征。有人提出，这篇小说中啃食一切的鲨鱼，大概是象征着海明威所讨厌的批评家吧？以此类推，老人、小孩也各有所指了。这种象征，把感性外观看成了一组“密码”，要读者阅读时把它们“还原”成作家的本意所指。我们前面说过，这种象征并不是象征世界里的根本路途。海明威忍受不了把自己的作品作宰割式的引申的做法，他要求把承认、正视作品的现象实体，作为讨论的基础。

深刻的意思是可以、而且应该输入的。但海明威追求意思和现象的统一性，坚持使意思的表述让现象实体来正面地、完整地完成。他说的“更深的东西是您懂了以后所看到的东西”，就很好地阐明了达到这种统一性的途径。

生活中我们可以看到很多东西，但不一定真正看懂，**当真正看懂之后，我们的目光、它们的面貌就会发生很大的变化**。因此，看懂，又使我们看到很多东西。**这里所说的看懂，显然是指发现事物的底蕴，以及它与生活整体的内在联系。**

海明威的作品外象，是**在他看懂生活之后才看到的形象**。因此，作品外象是果，而不是因。他是在真正懂得人生底蕴之后，才在眼前浮现出一幅打鱼的图景。海明威觉得，在老人与海的搏斗中，他对人生的感觉能够体现得最为淋漓尽致。这就把现象世界和意蕴世界有机地统一起来了。

这种追求内外统一的象征，是一种更深刻、更复杂、更难驾驭的象征。它不仅不同于隐喻式的符号象征，而且也不同于以怪异故事为外象的寓言象征。它以艺术家自己发现、构建的一个平实的世界，来与世界整体对应。由于它固守着现象实体，因此被称作“**实体象征**”。

笛福

笛福的《鲁滨孙漂流记》可谓佳例。鲁滨孙在荒岛上开天辟地的事业，没有什么怪诞之处。他与他所遇到的自然力，并不分别具有什么象征意义。上岛来举行人肉宴的生番，被营救的“星期五”，也并不具体地隐喻着什么。如果不存在这些象征和隐喻，那么，读者对这部小说的兴趣难道就在于一个传奇性的荒岛创业故事吗？又不尽然。这部小说实实在在的故事里边，包含着一种超越自身的伟力，呈现了人在自然怀抱里的创造自由和行动欲望，因此也**在整体上“散发着象征和寓言的意味”**，使所有生活在这个世界上的人读了都深为激动。这就是实体象征的功劳。

简单说来，**寓言象征的现象表层，无法让人安驻，它以怪异的指向使人们向深层进发；而实体象征的现象表层，却可以让人安驻，只不过在安驻之时产生超越本身的精神领悟。**

这种特点，也使实体象征产生了一种烦恼：不少读者也许会

笛福墓碑

把对现象表层的安驻看作目的，而不再有继续进发的兴趣。寓言象征就不可能产生这种情况。几乎不会有人看了《犀牛》后就以为看了一个有趣的童话故事而不去追索意义，但是，却会有不少人看了《鲁滨孙漂流记》之后只把它当做一个远年的历险故事。安驻致使停步，也是自然现象。因此，**实体象征要比寓言象征艰难得多，**它要同时包蕴引人安驻和引人深入的动力，殊非易事。

也有一些作品在外层形态上比《鲁滨孙漂流记》稍稍怪异一点，但基本上还属于实体象征的范畴。《堂吉诃德》和《阿Q正传》就是这样的作品。这两部作品，都用夸张的手法铸塑了自己的主人公。两个主人公的行状，都带有强烈的滑稽意味，但总的说来都是有可能发生的。《堂吉诃德》嘲笑了骑士理想，但这似乎不太重要了。堂吉诃德和桑丘·潘沙几乎成了欧洲乃至全世界文艺领域的通用名词，与风车、与羊群、与皮酒囊搏斗的游侠轶事，成为人类精神历程中的有趣遗存。不管哪个时代、哪个民族的人，读了它都能产生相当程度的自我体认，憬悟到生活中大量存在的"堂吉诃德"，甚至在自己的身上找到他的影子。这种情形，我们即便在《高老头》、《红与黑》、《安娜·卡列尼娜》、《战争与和平》

中也找不到。这种远远超越了典型形象时空范畴的美学功能，就是由实体象征散发出来的。《阿Q正传》也是这样，我们在上文论述集体深层心理时已有论及：它不止典型地反映了辛亥革命前后浙江农村的心理构成，也不止可以扩大到某些上层阶级的心理逻辑，而是象征着一个庞大的民族的精神状态，甚至，根据国外研究者的分析，还可能包括亚洲其他不发达民族的精神状态。这又是实体象征的效能。

塞万提斯

典型形象有可能成为实体象征的载体，但远不是所有的典型形象都能通达实体象征。简单说来，**一般的典型形象在形象和精神的融合结构中以形象为终端，而实体象征在形象和精神的融合结构中以精神为终端。**以形象为终端的创造，需要有对现实生活的精细体察，以及对艺术表现的娴熟技巧；以精神为终端的创造，则需要对现实生活的极广泛的开拓和极深远的思考，又需要把这一切收拢在一组形象之中。因此，实体象征比之于一般的典型形象，更需要艺术家具备思想家的禀赋和艺术上的天才，以及俯瞰社会、洞穿历史的视野。塞万提斯、笛福、海明威、鲁迅等人的作品也不是篇篇都能达到这个高度。这样的作品一旦产生，则往往连他们自己也惊异不止。

以上所说的实体象征，我们是作为一种难于企及的艺术境界来看待的。在实际的创作中，不少艺术家仰视和学习这种境界，也取得了令人欣喜的成绩。不妨试举一例。

《秋天的马拉松》

莫斯科电影制片厂的《秋天的马拉松》一拍出来就引人注目，便是因为它带有明显的实体象征的色彩。一位中年知识分子善良而又软弱，对别人有求必应，答应大学上课，答应出版社写书，答应领导交给他的别人不愿接受的事，于是，他的生活成天像马拉松赛跑，气喘吁吁。办公室里一位年轻的女打字员爱上了他，他明明早有美满的家庭，却又不忍心拒绝痴心的姑娘，结果只得在妻子和情人之间忙碌地应付、遮盖。又有一位外国专家邀他每天早晨一起到体育场去跑步，他也勉强答应了。他年岁已经不轻，已进入生命的秋天，这场“秋天的马拉松”将会如何结局呢？

这样一部作品，按一般的分析，很可以说是塑造了一个性格特殊的人物形象。但是，即便是今天的多数中国知识分子在看了这部影片后都说：“我就是他！”这个包含着不少幽默气息的人生警告，适合于许许多多在生活长途中拙于选择的中年人。

于是，这个实实在在的故事实体和形象实体，也就具备了象征功能。**只不过这种象征的内涵，太简捷、太直露，缺少了一种**

精神世界所应有的恢宏构成，因此还不能进入我们上文称道过的实体象征的佳作之林。

实体象征也可以由纪实通向抽象。这更是启示着现实生活本身的质直形态与生活潜流的密切关系。因此，表层越纪实，往往越有可能通向哲理提炼。海明威的《老人与海》对大海和捕鱼的纪实程度达到了叹为观止的地步。同样，笛福和塞万提斯对纪实画面的描写也是相当出色的，这种画面与精神内涵构成了巨大的反差，从而缔结了一种伟大的跨连。

康定斯基

现代绘画大师康定斯基在《论形式问题》一书中指出：

现代的艺术体现着已经成熟达到启示的精神。体现的形式可以安排在两个“极”之间。1.伟大的抽象；2.伟大的现实性。这两个“极”启开两条路；这两条路最后导引到一个目的。这两项元素一直存在艺术里；第一项在第二项里表现自己。现在这两元素似乎企

康定斯基作品

图分别地进行它们的生活。那抽象的通过物象来愉快补充，或是相反，这好像是为艺术准备了终结。

康定斯基的两极归一论，在实体象征中体现得最为透彻了。意大利电影艺术家柴伐蒂尼在《对电影艺术的几点看法》一文中指出：

艺术家的任务不是要使人们为虚构的人物的行为而感动或愤怒，……而是要在未经渲染的纪录性事实里，发掘出深藏在里面的有价值的东西——人情的、道德的、社会的、经济的、艺术的意义。

柴伐蒂尼这里所反对的虚构，是指一种戏剧性太强的编织。这个问题，梅特林克早在《卑微者的财富》一文中有过深入的论述。一切在艺术上堪称伟大的旨意，不管是崇高、壮美，还是悲剧性，都不一定产生于精心布置的暗杀、毒药、情死、阴谋中，而更多地见之于日常生活，见之于平凡世态。世间最复杂、最难耐、最困惑的课题，总是生活本身、人生本身。现代艺术家正是出于对这一事实的承认，也就从无限的谦恭转向真正的伟大。

因此，纪实出现在象征结构中，完全出于对具体生活与宏大精神之间神奇关系的皈服。**现代艺术对情节和冲突的淡化处理，**大多也本于此。

马契列特在《电影艺术诗学》一书中指出了纪实性艺术的一

些美学特征，其中主要有以下几个方面：

一、强调生活面貌的令人信服的逼真。作品中出现的现象最好就像“移植”生活一般，而不要热衷于戏剧性地“重组”；

二、不再以情节为核心，而是转向精神→形象→情节的渐次递嬗关系；

三、从具体、紧凑的行动，转向总体、宽泛的行为；

四、从异常的冲突，转向平常的情境；

五、从封闭自足结构，转向由观众创造性想象补足的宽松结构；

六、从紧张急迫的格调，转向从容和悠闲；

七、把以上这一切散淡风致都升华为象征的表现力而直通哲理；

……

这样的纪实，看起来与生活实体越来越接近了，其实却是在呼唤蕴藏在自然主义现象背后的大象征。

现代读者正在快速地适应实体象征。这种适应正与他们对传统艺术的逐渐不适应同步。著名“新小说派”的女作家纳塔丽·萨罗特指出：

> 对于那些经作者运用惊人的手法和通过意想不到的戏剧化动作所塑造的人物，现代的读者是怀有戒心的。他也并不相信那像细布条一样缠绕着人物的故事情节；这些情节使人

物在表面上看来似乎自成一体，栩栩如生，实际上却像木乃伊一般地死硬僵化。

《怀疑的时代》

与之相反，人们对于把象征与纪实合于一体的作品却越来越觉得自然了。早在上世纪20年代，法国作家莱翁·莱蒙涅埃就指出：

纯粹的象征主义与自然主义相距并不那么远……我觉得，象征主义与自然主义不是别的，而是同一块布料的正反面。一面是用丝线织出的简单的或稀奇古怪的花纹，另一面是乱七八糟的线条、结子，看起来杂乱无章，但所有丝线的走向服从一个任务——使正面出现这样的花纹。

《民粹主义小说宣言》

这些话，有助于我们更好地认识实体象征。

四　氛围象征

与寓言象征和实体象征不同，氛围象征是一种部件象征。但它又与符号象征有别，不是通过符号化的具体象征语汇，而是**通过具有象征意义的意境烘托，片断性地指向诗情和哲理。**

如果说，符号象征是一种近距离的具体象征，寓言象征和实体象征是一种远距离的宽泛象征，那么，氛围象征则是一种近距离的宽泛象征。氛围象征灵便随和，能够妙手偶得，随意敷用，在艺术创造中有较高的利用频率。

意大利喜剧故事片《面包与巧克力》中有一组镜头，可谓氛围象征的佳例。男主人公四处找工作而来到了一个养鸡场。工人们吃鸡蛋、睡鸡窝、学鸡步、装鸡叫，甚至，一张张脸型都接近了大公鸡。一天，鸡棚外轻轻地传来车马声。人们透过鸡棚栅栏向外望去，只见一群健美的男女青年来到池塘边游泳沐浴。幽幽的丛林，明冽的水色，天神般的肌体，溢光流霞，仪态万方。看到这一幅图景，鸡棚里的玩闹停息了，像是有谁在高高的祭台上划出了人禽的界限。如噩梦初醒，如惊雷乍闻，他们和观众，一起在强烈的对比中领略了人生的价值。这是在滑稽基调中突然插入的一段有涉崇高的片断。我们很难明确地指出鸡棚鸡鸣象征着什么，秋树静水象征着什么，但把这两者组接在一起，却构成了两种反差强烈的氛围。这两种氛围远不只是烘托一个情节，而是烘托出了两种不同的人生状态。这里显然有一种可以自由嵌入作品的片断性氛围象征。

氛围象征着力于追求一种**精神气氛**。这种精神气氛有时可以与情节气氛合一，有时则可能产生抵牾。在产生抵牾之时，氛围象征大多无条件地服从于精神气氛。电影《白比姆黑耳朵》中，小狗在失去老主人后受尽虐待冬夜出逃，突然发现自己蜷缩在下的这棵树正是几个月前与老主人一起来秋猎、来休憩的那棵树。

特纳作品

这是有情节性的，但电影艺术家借此大做文章，以灿烂透明的秋叶与光秃秃的冬枝作对比，让小狗狂叫悲吠，似乎要大声唤回那个已逝的秋天，那位远去的主人。这种铺陈，就是在呈现超越情节性的精神气氛。作品在这样的象征部位，释放的精神能量是极其饱满的。

《金色池塘》为什么要反复地描写那个宁静的小天地的自然氛围？也是为了传达一种精神气氛。在那个天地里，通向外界的路越来越少，过去走惯了的路也已被树草湮没，但野地里还有蘑菇可以采摘；池塘平静无波，却还能抓到鲟鱼……这些自然氛围，都象征着老人的精神天地，生命的金色归宿。作品的主旨，也正是出现在这些宁静的氛围象征部位。

不是靠一种误会的解除，一场争执的胜负，一个对长期掩盖的事实的发现来推动作品，而是靠精神气氛来涣释人生障碍。正由于此，这种精神气氛在作品中的价值已高于情节、冲突，以至具体人物。

伟大的精神总是宁静的。因此，象征这种精神的艺术氛围，也大多以宁静为特点。如果没有那些宁静的段落，那么，匆促的情节，激烈的抒发，大多会显出浮嚣波俏的“小家子气”。**平庸的作品之所以平庸，往往是，既没有氛围，又没有象征。**

氛围象征，与中国古代艺术理论中所说的意境有近似之处。意境学说支派繁多，其理论主干是强调了“象外之象”和“象外之境”。刘禹锡说：

托马斯·庚斯博罗作品

诗者，其文章之蕴耶！义得而言丧，故微而难能，境生于象外，故精而寡和。

《董氏武陵集记》

他指出了艺术创作中义在言外、境在象外的特殊现象。具体的义可沉淀在象中，而在象的背后还有一种更为宏大和超逸的境界。这种观念，其实已经许诺和容纳了隐喻和象征。古代艺术理论家看到，既然要有象、境的双重结构，那么也就有表层实境和深层幻境之别，就有客观的景象和情思的景象之别。深层幻境和情思景象大多是难以用具体文字表达的，而只有把读者带入特定的境界和景象之中，他们才能体会。但是，中国古代艺术家常常以境界为归，烘托一种诗情画意，很少再有更深入的精神追求，因此，一般意境学说所容纳的象征也就有着明显的限度。只有那些受到道家、佛家和其他哲学、宗教流派熏染的艺术家才会进一步追求一种“超绝言象”的“道”和“至理”的境界，显示了精神高度和象征幅度。

刘禹锡

嵇康用“目送归鸿，手挥五弦”的表层形态，来指向一种难于言表的太玄之道；王维用“行到水穷处，坐看云起时”的境界，来喻指超然物外、静待良机的心境。这种外象层与精神层所产生的优美对应关系，实在也就是一种氛围象征。

以“目送归鸿，手挥五弦”、“行到水穷处，坐看云起时”这样的形态来象征特定精神，无疑带有很大的模糊性。但是，在这里，模糊比精确有力得多。王士祯《蚕尾续文》云：

严沧浪以禅喻诗，余深契其说，而五言尤为近之。如王、裴辋川绝句，字字入禅。他如“雨中山果落，灯下草虫鸣”；“明月松间照，清泉石上流”；以及太白“却下水精帘，玲珑望秋月”；常建“松标露微月，清光犹为君”；浩然“樵子暗相失，草虫寒不闻”；刘慎虚“时有落花至，远随流水香”；

妙谛微言，与世尊拈花、迦叶微笑等无差别，通其解者，可语上乘。

其实，不仅是氛围象征，其他几种象征都具有很大的模糊性，即便是相比之下比较具体的符号象征也是如此。我们在上文把象征的双重结构称之为半透明结构，已经涉及象征的模糊性问题。

既然一切象征都具有模糊性，而艺术领域在很大程度上就是一个象征的天地，那么，可以说，艺术在本性上就具有模糊性。

驱除艺术领域的模糊，就是驱除艺术领域的象征，否定艺术感知表层与精神理想的距离。其结果，必然导致艺术作品的单面直露。历史，从来未曾保留过这样的作品。

只有模糊，才能既保全感官直觉，又保全精神理想。这是连康德也觉得难于两相保全的二律背反，只能在模糊中获得最好的解决。它们两极的统一性正在于，无论是感官直觉还是精神理想，都无法用精确的标尺来度量。于是，我们也正好在这里可以结束象征的课题。

第十章　接受和参与

在整个艺术创造过程中，最终，也是最重要的一道工序便是疏通作品与接受者之间的关系，以开放，而不是以封闭的方式，完成创造。

接受美学标志着很多艺术家对于输出道口的重视，以至愿意反过来把它作为整体创造活动的基准。接受美学认为全部创造活动都应把接受者们的接受状态也包括在内。接受，参与了创造，延续了创造，完成了创造。

艺术的狭义本体只是成了一种诱发剂，一种推动力。这样，它的地位降低了；但从另一个角度来看，它要发挥那么大的组织功能和调动功能，它的职能提高了。它的自身形态也要随着职能的变化而变化，出现了各种召唤接受者参与其间的特殊结构。

接受美学的重要代表人物伊瑟尔曾在《文本的召唤结构》（1970）、《隐在读者》（1974）和《阅读行为》（1976）等著述中，沿用英伽登有关作品存在的论述以及伽达默尔有关**视域融合**的论述，加以改造，提出“**召唤结构**”的命题，认为文本中应该存在一种召唤读者进入的结构机制。

我认为，召唤接受者参与的结构可分为空筐结构和仪式结构两种。

一 空筐结构

空筐结构是一种嵌入性召唤结构。它的理论依据是：一切艺术作品既然无法离开接受者而独立完成，那么它们也不应呈现为完成状态，而应该保留让接受者进入的空间，埋伏一系列故意留下的空缺，像一个空筐。

这些空缺可以是有形的，也可以是无形的，可以是明显的，也可以是隐潜的。但它们是一种确确实实的存在，能诱使接受者产生一种嵌入意向。

这种结构的显著特点是开放。它只提供虚线，让接受者自动把它填成实线；它只提供空筐，让接受者自己装入合适的物品。它十分得体地承认自己的残缺，鼓动接受者帮助它完成。它只呈示一种潜在力量，让接受者把它变成现实力量。

也许，老子所说的“大成若缺”，可以借来说明这种结构。它故留空缺，以求大成。在老子，这是一种人生谋略和战争谋略；在接受美学，这也可以说是艺术谋略，但更重要的是对于一种生命相融的审美佳境的追求。

传统艺术中有不少含蓄手法、空白设计，它们的成功也可以

毕加索作品

说与接受美学有一定的联系，但严格说来，还不是我们所说的嵌入性召唤结构。嵌入性召唤结构企求着一种真正的“大成”，而不是一般的“计白当黑”。

现代艺术中有不少作品割碎了严整的故事，散置着各种情绪构件，杂陈着片片意象块面，时间倒转，空间跳跃，境遇随意，身份游移，处处都留出了疏空，处处都允诺着自由，结果竟诱惑着欣赏者在作品中漂流游弋，凝聚起一种总体印象和总体情绪，这便抵达了大成。看毕加索、马蒂斯、蒙克的画，读艾略特、庞德、北岛、舒婷的诗和福克纳、阿兰·罗布－格里耶、西蒙的小说，以及听德彪西以来的音乐，看贝克特、高行健的戏，雷乃、费里尼、安东尼奥尼的电影，都有这种感觉。在这些作品中，没有方整的墙、笔直的街，只有随处可入的大小豁口。雨果在19世纪30年代向法国古典主义开战的时候，就是为了要让自己和广大法兰西同胞的自由浪漫精神更充分地交汇，才那么勇敢、那么义无反顾地冲决精雅严整的古典格局的。20世纪的艺术家遇到了类似的课题。

现代艺术的召唤结构实质上也就是一种期待结构，期待真正的主人——欣赏者的光临。

在现代，已有很多作品受到接受美学的启发而在局部上采纳召唤结构，从而使这些作品提高了美学品位。电影《男子汉们》中，男主角因为误会了未婚妻而不再返回故乡。未婚妻在痛苦和贫困中抚养着女儿，最后不得已与自己并不爱的一个男人结婚，又有了孩子，还在产科医院领回了一个不会说话的弃儿，过度的艰难使她终于早早地抑郁而死。男主角明白真相后极其后悔，挑起了抚养三个孩子的重担。这部影片有一个令人注目的艺术方法，那就是始终没有给那位任劳任怨的女主人公一个镜头。影片中男主角的“男子汉”精神，其实本源于对女主人公的理解，但电影开始时女主人公已死，电影艺术家故意吝啬地藏匿了她。然而这一来立即产生了积极成果，这位重要的女主人公由广大观众一起来塑造了。当千百万观众一旦把自己的创造加入其间，这部影片也就与观众构成了一种“立体交叉”，这个形象也远比艺术家所能刻画的更丰满、更普遍了。其中奥秘，就是把最重要的部位留出来，召唤观众嵌入。传统艺术家也会在一些部位收敛笔墨，但要把作品中最显要的部位留出来，则大多不敢。他们对接受者的介入程度和创造能力，还有疑虑。

高行健编剧、林兆华导演、北京人民艺术剧院演出的话剧《野人》，展示了横跨千年的多层场景。最遥远的传说时代和最切近的都市生活，同显一台。艺术家不愿编造其间的情节性联系，而只是把几个历史性画面平列相陈。但是，作品最主要的思想矿藏，恰恰也在画面与画面之间的千年空地上。他们给观众以那么大的信任，相信他们能以自己的腿力走完千年路途，品味历史的厚味。

如果不是像高行健先生他们做的那样，而是反过来，在代与代、历史阶段与历史阶段、社会块面与社会块面之间布置了太多的情节性缆索，可以让观众不费力气地被动滑行，那么，观众哪能切实地体察到历史的苦涩感、洪荒感和豪迈感呢？

过于轻便的情节性缆索，常常会取消许多真正的景致，舍弃许多值得流连的思想的峡谷。于是，现代艺术家解除了这些人为的勾连，让人们散落在莽莽苍苍的野地里，去发挥人的天赋，去领受自然的赐予。这才是人的自然和自然的人，于是，艺术也成了自然的艺术，亦即人的艺术。我们又回到了本书开头对于艺术本性的讨论。

我们所说的召唤结构的非技巧性，也就是在于这种结构的自然性。观众对这种结构的嵌入，实质上即是人对自然状态的嵌入。这种嵌入是那样的必然和不可阻拦。这确实是艺术本性的重新苏醒和重新体认。

不过，由于许多艺术家和观众已经习惯了紧严的情节性勾连，因此，一旦缓解乃至解除这种勾连，反倒觉得不自然了。于是，有些现代艺术家宁肯担待着不自然的指责，打破紧严的情节性勾连，以一种人为的缺漏和倒错来替代人为的严密和顺畅。其目的，还是为了以情节性的缺漏召唤观众嵌入，使艺术从本质上贴近自然，趋归于由众人体验所达到的真正完满。

由英国导演高本纳在上海执导的莎士比亚戏剧《驯悍记》便是例证。《驯悍记》本有一个传奇性的严密情节，平常演出，观众很可顺顺当当看下来。但那毕竟是一个异国的远年故事，当代中国观众很少有参与的可能。这便出现了因过于尊重莎士比亚故事而造成了使莎士比亚精神遗失的现象。为了克服这种现象，当代英国导演一再“粗暴地”打断这出戏的情节线索，让男主角反复往来于观众与演员、中国人与英国人、现代人与古代人之间。这种打断和进出，造成了许多使观众嵌入的豁口。当男主角突变为观众、变为中国人、变为现代人的时候，观众把他当做嵌入的引路人，思考着剧情与观众的联系，与中国人和现代人的联系。显而易见，对这种联系的反复思考，正是这出莎士比亚剧目能在今天中国存活的契机。观众席里极为热烈的反应便是证据。它的多层出入往还，仍然使我们想起“立交环形路”，以前长期适应平面路的现代观众不仅很快就习惯了，而且立即感受到了它的必要性。

二　仪式结构

仪式结构也就是一种吸附性召唤结构。与嵌入性结构不同，它主要不体现为以空缺裹卷接受者的直接进入，而是把接受者吸附在作品周围，构成审美心理仪式。

仍以莎士比亚戏剧的演出为例，江苏省话剧团演出的《爱的徒劳》就与上文所说的《驯悍记》很不相同。它并不让角色打断情节线索，而是浑然一体，顺畅演出，只不过导演把演区置之观众席中央，观众在看戏，更是在参加一个晚会。年轻的国王立志做一个贤明的君主，与几个年轻的侍臣一起立下誓言，几年中节食少睡，不接近姑娘，如若越轨，公开进行严厉自罚。但是，法国皇帝派他的年轻女儿作为正式国使来访，而这位公主又随带着一群青春烂漫的侍女。考虑到邦国间的友谊，国王只得违例接待。不难设想，青春的自然律令终于战胜了铮铮誓言，国王与法国公主产生了恋情，而他们的侍从也一对对地成了爱人。有誓在先，他们互相躲躲闪闪、羞羞答答，但毕竟，他们挣脱出来了，成了自然和自由的人。

这样一出戏，在开演前，已有宫廷卫兵"守卫"在剧场入口处，待到观众鱼贯入场，发现剧场中间的平台上已有那位年轻的国王和他的侍从肃穆地相对而坐，观众从四周围住他们，既成为他们的精神围墙，又成为他们情感窒息的共同感应者。他们的对话，他们对自然情感的规避和觊觎，他们对罪恶和道德的颠倒和困惑，都在观众中间引起了亲切的反应。当代中国观众被一种告别不久的情感状态所震撼，剧场的气氛凝重了。接着，观众又目睹了自然情感从窒息状态下逐步释放的艰难情状，观众替他们遮盖，看他们狼狈，笑他们作伪。看戏，也是看自己。看演员，也是看观众。戏中的宫廷舞会，观众一起参与，角色传递的信物，竟塞给观众掩藏。更令人惊叹的是，艺术家们让角色不断地更替服装，在不知不觉之中，服装渐渐靠近现代。最后，当法国公主因事回国，国王和侍从们前去送行的时候，分明是现代青年在现代的告别。

国外有的剧院演出古罗马战争题材的剧目，会改换剧场外广场的照明设备，燃篝火，陈石雕，使观众宛若置身于古战场。波兰戏剧家格洛道夫斯基的试验更加令人注目，他总能布置出一个个回荡着特定心理气氛的空间，把观众吸附在内。从布置宴会空间、医院空间，一直发展到带领观众在月夜山间布置神秘而原始的自然空间，以宏大的幅度呈示仪式性功能的极限。

这个问题，笔者在《观众心理学》、《中国戏剧史》等著作中已有较详细的阐述。这里需要着重说明的是，除戏剧之外的其他艺术，也具有程度不同的仪式性效应。

音乐演出的仪式性显而易见。世界上各派宗教都十分重视音乐的作用，就是因为发现了音乐在精神仪式性上的特殊效能。经常读到报道，音乐爱好者在凛冽的寒风里排长队购买贝多芬音乐会的票子。虽说他们家里，一定有贝多芬同一部交响乐的磁带。等到演出那天，他们会穿戴整齐，宛如去参加一个仪式。待到演出开始，这里的一切都是他们所需要的：台上的音乐家、幽暗的空间、上千名听众，缺一不可。

电影艺术中仪式性效应随处可见，最切近的例子也许是日本影片《幸福的黄手帕》了。男主人公从狱中出来，不知妻子的情感意向，在信中只求她以是否悬挂一块黄手帕作为记号。女主人公让本需一块就够了的黄手帕变成一长串，高接蓝天、背衬青山，于是情感记号变成了情感仪式。当电影放映的时候，黑压压的观众群体也参与了这个仪式，于是这个仪式变得更加动人。

上文说到过的美国影片《现代启示录》则酿造了一种邪恶、残忍的仪式，令人惊怵。当威拉德一行终于到达由人性返回兽性的旅程终点时，观众以眼睛步入这个恐怖空间，一层一层，渐次

《最后的晚餐》

呈现，心灵撼动的烈度远远超过目睹几桩暴行，因为它把人心深处最黑暗的质素扩展成了一个集体空间。

绘画也是如此。达·芬奇的《最后的晚餐》画出的是一个告别宴会的仪式，它展之壁端，以一种强力吸附着人们参加了这个晚餐会，坐在餐桌的另一侧。

毕加索宽达 25 英尺的著名绘画《格尔尼卡》如果离开了特定时代的特定观众而单独存在，便是一堆不解其意的破碎的形象构件。但是，当 1937 年法西斯连续数小时轰炸了名为格尔尼卡的西班牙小城市，这幅画就产生了异乎寻常的感召力。每个形象构件都成了一种情绪信号，拨动起不安和愤怒的情感狂潮。

我国画家罗中立的油画《父亲》刚刚展出时，许多观众徘徊不去，他们被一种赤裸的真实所惊动，而且，或多或少地感到了自己的浅薄与忘本。那么，看这幅画应该采取一个特殊的角度：半是画幅，半是观众。

《格尔尼卡》

中国传统书画，历来作为客厅、书房的主要布置来展示自己的生命。它们不仅体现了主人家的心理气质，而且还构成了一种强大的现场感应力。

甚至小说也会产生仪式效应。不妨再说一说《红楼梦》。曹雪芹描写了许多仪式性的大场面。没有这些仪式性大场面的恣肆铺陈，《红楼梦》就难以通达伟大，这是谁都清楚了。先是一个个辈分聚会、节庆欢宴，后来，渐次更换成了一个个送丧仪式、悲悼仪式、怀念仪式、出世仪式。真正读懂了《红楼梦》的人，怎么也摆脱不了这种深沉的仪式感受。他们可以穿朝越代，在一个个仪式中找到自己的座位。哪怕是最为隐蔽的一角吧，身心也浸透了那种氛围。

同样，《水浒传》的核心是一个聚义仪式，多路英雄好汉朝这个仪式走去；《西游记》的核心是一个朝拜仪式，九九八十一难只是这个仪式中的必然程序。正是这类仪式，对中国读者散发

汤吉作品

着一代又一代的召唤力度。

吸附性、仪式性的召唤结构，是一个形式命题，更是一个内容命题。能否把接受者吸附和召唤到一个精神仪式中来，关键在于对集体深层心理的体察程度，这一点我们在前面已作过详细说明。召唤结构，说到底，是允诺集体心理结构呈现的场所。因此，召唤的幅度越大，作品与群体、与民族以至与人类的关系越密切。在这种情况下，艺术结构与集体深层心理的原型紧紧契合。荣格在《集体无意识和原型》中说，“原始民族失去了它的神话遗产，即会像一个失去了灵魂的人那样立即粉碎灭亡”。后世民族的集体深层心理原型也是同样，是一个民族潜在的精神支柱。于是，召唤结构——深层心理——民族精神相与融洽，艺术，也便在这中间显示出独特的社会精神效能。

第十一章 宏观的创造

经过一步步论述，始终无法离开的是创造的命题。

艺术创造是具体的，但我们却处于一种宏观的创造环境中。这就决定了，我们的创造必然离不开背景。

因此，在全书的最后，让我们离开艺术实例和具体分析，从宏观上来伸张一番创造的本义。因为时间必将证明，创造的命题，直接关系到中华文化的没落和新生。

艺术的创造，从狭义而言是创造艺术作品，从广义而言则**创造新的精神天地，构建新的人格质素。**

一 创造适应

首先遇到的难题，是艺术创造与社会审美水平之间的适应关系问题。这个问题我曾在《观众心理美学》一书中作过专门论述，这里仍有必要在创造的命义下再度引申。

很多人都说，艺术要适应社会，适应民众。无数艺术家还以此作为自己的目标。其实，**真正自由的艺术，并不会消极地适应周际，它总会一再地突破老的适应关系，由自己来建立新的适度。**这个问题可以从以下几方面加以说明。

一、适应，并不永远是一个积极的概念。如果黑海夜航的船长的眼睛，完全适应了航标灯的灯光，那么，航标灯就大大降低了刺激他、提醒他的信号功能，很容易发生事故。于是，航标灯以一明一暗的节律，来打破眼睛的适应。同样，对于美的对象，欣赏者如果完全陷入适应，两者的审美关系就趋于疲顿。惊喜感失去了，发现的乐趣失去了，主体对于对象的趋求意向失去了，美的价值，自然也随之而锐减。

适应是一种惯性，一种惰力。在艺术创造的过程中，适应只是对审美关系的和谐性所作的停滞式的设想。正如世间的平衡都是相对的一样，适应也至多是对某些瞬间的粗浅描述。**创造，从根本意义上说，就是对适应的打破，改变和谐而又停滞的黏着状态，把动态过程往前推进。**

任何推进都意味着不平衡，并以不平衡为动力。就像人走路，只要开步，左脚和右脚就会突破平列状态而产生离异；此后，一步一步，不是左脚追赶右脚，就是右脚追赶左脚，只要还在行进，从来也没有两脚完全平列的时候。如果说这就是我们所说的“同步关系”，那么，同步关系也就是互相追赶的关系。这是一种**由永远的不适应而构成的前驱态势。迷恋平衡，迷恋适**

应，只能停步。

但是，在这不息的过程中，确实也存在相对意义上的适应。这主要是指艺术作品与接受者进行对话的可能性、顺畅性和有效性。这种追求，既需要艺术家对接受者进行了解和体谅，又需要艺术家对接受者进行训练和濡养。追随接受者，是为了超越接受者，从而取得引导他们的权利。如果在这不息的过程中截取一个环节来解剖，那么，这里有两种适应：前一个是为了创造而采取的**手段性适应**，后一个是在创造之后所达到的**目的性适应**。后一个适应，是创造了接受者新的感官、新的观念、新的审美心理定势所达到的适应，因此是一种**创造的适应**。

富有创造意识的艺术家每创造一个作品，都会使接受者产生一种或多或少的生疏感，同时又推着接受者从生疏抵达熟习，这便创造了一种适应。相比之下，**创造适应，比创造作品艰难得多，也伟大得多**。一切艺术家都在创造作品，但**只有开风气之先的独创性艺术家，才能创造适应**。

一种新的适应，既是创造的产物，又是更新的创造的突破对象。因此，创造适应，本身也是层累不息的动态过程。与创造结缘的适应，只能承受一种永远变动的命运，只能无休无止地伴随着遗憾和不满。

二、创造适应，也就是创造人的审美感知系统和人格系统。这种认识，极大地提高了艺术在与生活的比照关系中的地位。

在许多艺术家一再申言艺术对生活的模仿之后，有的艺术家一语惊人，提出了生活对于艺术的模仿的主张，很快遭到众多的贬议。其实，这个问题若要引向深刻，并不是谁模仿谁，而是两者互相塑造的问题。我们历来听熟的所谓艺术的教化功能，只是把艺术作为传达某种社会意图的工具。艺术，失去了目的性的意义，也会在很大程度上失去了自身。工具论的症结不在于“误找主人”，而在于取消艺术，取消艺术的本体力量。

艺术的主要职责不是讴歌创造者，它本身更是创造者。

艺术的首要任务不是塑造拓建英雄，它本身更是拓建英雄。

艺术，固然不能与世隔绝，固然熔铸着大量社会历史内容，但它的立身之本却是超功利的。大量的社会历史内容一旦进入艺术的领域，便凝聚成审美的语言来呼唤人的精神世界，而不是要解决什么具体的社会问题。在特殊的社会历史条件下，有的艺术作品也会正面参与某些社会问题。但是，如果这些作品出自大艺术家之手，它们的内在骨干一定是远比社会问题深远的课题，那就是艺术之所以是艺术的本题。

艺术是自由的象征，是理想人生的先期直观，是人的精神优势的感性吐露，是世俗情感的审美净化。艺术对生活的塑造，都以此为目标。

不断地创造适应，是艺术归向自己目标的阶梯。艺术在自己的目标前铺展了一条创造长途，**使所有的接受者和欣赏者都因被塑造、被创造而趋向自由和健全。**

有人说，艺术的本题可借用庄子的篇目名之：逍遥游。写

康德

了《庖丁解牛》的庄子告诉我们，只有充分地掌握了客观对象的必然肌理，才能以自由的神态把劳务当做享受，才能在物质杂务中产生手舞足蹈的艺术雅兴，才能把人生逆旅当做逍遥游。这条不断战胜必然的思路，可以与席勒、康德等人的艺术论相对应。

艺术家本身要早于他人，构建健全的自由心境，奔向审美式的人生。尽管他的这种心境，或许是对世间痛苦的领悟，对人生荒诞的承认。我们不少艺术家，长期承受过太多的束缚和框范、干涉和指令，创作中缺少应有的自由心境；一旦束缚解除、干涉消弭，他们却无所措手足。那是因为他们实际上并没有超越和战胜沉淀在他们心底的许多内化成了生命的限制，没有取得自由，没有获得对自由的心理适应。

我们可以写出长长一串艺术大师的名单，是他们，使人类适应了可以构成层累的各种美的气度、美的神貌、美的心绪、美的情境。他们以他们的作品创造了一部使人类渐渐适应由低到高的文明的历史，即使是我们，身心之上也深深地留着他们塑捏我们的指印。我们短暂的一生，很可看成是人类历史的缩影：从幼到长，一步步适应了各种层次的艺术作品，艺术的宝库在我们眼前横亘成一个有机系列，随着我们的年岁增长，**不断帮助我们创造适应，又突破适应。终于，我们成了一个比较健全的人。这也是人类的总体情景。**

“屈原放逐，乃赋《离骚》。”然而，当屈原有心绪吟咏《离骚》的时候，他的内心已经获得了艺术化的自由心境。他的吟咏，使一代又一代的中国人适应了华美的楚辞，也适应了审美的忧郁。他在一定程度上创建了中国人的某些心理素质。这一点，远远超过他现实的政治功绩。

就大范畴论，旧时代的中国文人，是逐次适应了屈原、司马迁、陶渊明、李白、杜甫、苏东坡、曹雪芹之后才总体缔造成的；就小范畴论，各种不同的文人又有自己具体的重点适应对象。例如在某些现代女作家身上，我们仍能依稀发现她们对李清照的远年适应。

从这个意义上说，**艺术创造，实在是在创造人。**

三、基于上述理解，**艺术创造永远需要向人们已经习惯了的审美感知系统挑战，而不应仅仅在同一系统之内作数量上的加添。**艺术创造，应该向人们提供从“语法”到“词汇”都是新鲜的艺术语言，而不是只做在既定“语法”框架下增补“词汇”的工作。

这是艺术大师与普通艺术家的分水岭，甚至是艺术家与艺匠的分界线。在前人已经提供了的审美适应范围内，再增补一些技巧性的产品，那么，技巧再高，也不会成为大家。

历史证明，艺术的创新者承受着无数的艰难，但也享受着特殊的荣耀。他们很可能失败，但最大的成功只能属于他们。艺术的接受者既有惰性心理，又有求异意向。他们从根本上来说是愿意被艺术的手掌所塑造的。他们希求着一种被塑造的快感。无疑，这是艺术快感的重要组成部分。这种要求被塑造的欲求，正是人类的高贵之处，也是那些愿意创造适应的勇敢艺术家每每受到欢迎的重要保证。

创新者的幸运更体现为这样一个事实：在人类文明史上留下层累性遗存的，永远是创新者的业绩。历史，只记载首先创造了一种新的心理适应的人。

> 我将创造一个星体，
> 预备着地球的坠毁。

艺术家，应该是这样的气概。

二 创造传统

正因为艺术的历史是一个层层累积型的动态过程，所以，一切有价值的创造都是传统的延承，都是对传统的再创造。

一、传统，不是已逝的梦影，不是风干的遗产。传统是一种有能力向前流淌，而且正在流淌、将要继续流淌的跨时间的文化流程。

对于任何一部具体的作品来说，它只会**体现**传统，而不会**凝**

结传统。凝结了的“传统”，不能**传**之后世，不能**统**贯历史，因此也就不是真正严格意义上的传统。

伽达默尔

长期以来，我们的艺术理论对于各种艺术传统有一种“结壳式”的研究癖好。斩断了血脉，阻隔了前后，抵拒着下伸势头，急急地用僵死的理论、狭隘的兴趣、武断的态度为传统浇铸硬壳。于是，这就是传统，那就是传统，传统成了历史大道旁一个个肃穆的坟茔；于是，正是不断指点着传统、呼喊着传统的人，葬送了传统。

当代著名的解释学家伽达默尔指出：

> 传统并不只是我们继承得来的一宗现成之物，而是我们自己把它生产出来的，因为我们理解着传统的进展并且参与在传统的进展之中，从而也就靠我们自己进一步地规定了传统。
>
> 《真理与方法》

我国当代学者甘阳也曾指出：

> “传统”是流动于过去、现在、未来这整个时间性中的一种“过程”，而不是在过去就已经凝结成型的一种“实体”，

这幅画上的圣格列高利（540—604）正在撰写他的一本著作

因此，传统的真正落脚点恰是在“未来”而不是在“过去”。这就是说，传统乃是“尚未被规定的东西”，它永远处在制作之中，创造之中，永远向“未来”敞开着无穷的可能性或说“可能世界”。正因为如此，“传统”绝不可能只等于“过去已经存在的东西”，恰恰相反，传统首先就意味着“未来可能出现的东西”——未来的人、未来的事、未来的思想、未来的精神、未来的心理、未来的意识、未来的文化、未来的一切。因此，“继承发扬”传统就绝不仅仅只是复制“过去已经存在的东西”，而恰恰是要发前人所未发，想前人所未想，创造出“过去从未存在的东西”。从我们今日来说，就是要创造出过去的中国人不曾有过的新的现代的“民族文化心理结构”；而所谓“批判的继承”，也就并不只是在“过去已经存在”的东西中挑挑拣拣，而是要对它们的整体进行根本的改造，彻底的重建。

《传统、时间性与未来》

二、由此可知，传统和现代并不严格对峙，寻根意识和当代意识并不你死我活。一条在丛山间蜿蜒曲折而终于流到了开阔平原的江流，仍然是这条江流；一个接纳、承载了这条江流的开阔平原，仍然也还是开阔平原。我们看到的是在平原上流淌的江流，和流淌着江流的平原，这里并不存在“要么江流、要么平原”这种非此即彼式的选择。在我们有些理论家心目中，江流只能被平原湮灭，或者，平原只能被江流淹没。

寻根，是当代艺术家自觉的文化认同。但是**寻根不应构成对文化渊源的静态迷恋，不应把渊源的态势奉为标尺，来度量流程中的一切阶段**。根只是根，渊源只是渊源。以后的发展对于它们，既有遗传性又有变异性，而**变异则是一种广义的遗传**。

由渊源到流程，由根须到枝干，每时每刻经历着选择，选择的积累便构成它们的生命。一切生命均非预定，一切本质显现于存在之后。**过去无法决定今天和将来，每走一步，都在即时地构建着生命**。任何悠久的民族文化，都不可能采取单一的选择，**单一的选择不是真正的选择**。

三、延续传统，不是靠已有文化的拥堆，也不是从艺术遗产中抽绎精华拼接，而只能靠具有传统文化精神的现代艺术家的个人创造。文化的梳理、堆垒、普及，都不能直接酿发创造。艺术的创造，只能依仗天才。

历史上，一切最出色地创造了传统的艺术家，却都不会着力地论证和呼吁传统，而只是依凭着自己的天性素质自由流泻。一个能够自由流泻自己天性的艺术家是不可能没有传统意识的，因为他**要寻找自由就必须先要寻找到自己，要寻找到自己就必须寻找到自己的时空立足点**，他比周围所有的人都更懂得脚下的大地。一个能够自由流泻自己天性而又能引起广泛社会感应的艺术家更不可能没有传统意识，因为他的厚重广纳，他的备受欢迎，都是心理层累的结果。从这个意义上说，**激扬艺术自由，扶持艺术天才，其实也就自然而然地激扬和培植了传统**。

四、对中国艺术传统的优劣品评，没有绝对意义。作为一种历史过程来看待，几乎每一点，都功过相咬，优劣互补。中国艺术的柔性精神、中和之美、和谐追求、写意风致，比之于西方，处处都有令我们骄傲的理由，但也处处都有使我们羞愧的根据。因此，不必有谁来论定中国艺术何处为瑕，何处为瑜，何处该取，何处该舍。这样做，既把简单的问题复杂化，又把复杂的问题简单化，对创作实践并无补益。投入创造，许多难定的标尺自会明朗；投入创造，许多看似简单的问题又并不简单。

有人说，不辨优劣，何言创造？我们说，离开创造，无所谓优劣。不难看到，因为疲于创造，许多被反复论证的民族艺术的优良品性，也已渐趋黯淡、令人厌倦了。

三　创造未来

艺术的未来需要创造，这本来不言而喻。然而，有不少评论家在武断地裁决了昨天和今天之后，又去武断地安排明天了，在很大程度上剥夺了艺术家创造未来的权利。

一、艺术的未来，只可依稀推测，无法预先设计。艺术创造是人类精神劳动中随意性和自由度最大的一种劳动。作家写出这一句，画家画出那一笔，都没有什么必然性。只有在写出来、画出来之后，才成为事实。在整个艺术领域里，哪个艺术家与哪种题材、哪种方法发生了偶然的冲撞，既不可预知，也无法追索。哪个艺术家什么时候产生了什么灵感，更是神不知鬼不觉的千古秘事。

当我们不再把艺术现象看成是社会经济发展的直接产物，不再把艺术作品当做政治行为的被动工具，不再在层层非艺术人员的控制下用集体方式进行艺术劳动，总之，**当艺术终于用自己应有的方式来行动的时候，它竟变得俏皮跳荡，很难把握了**。这是令人高兴的现象。面对着这种现象，热衷于对艺术创作的发展面貌作理论设计，常常显得既幼稚可笑，又专横霸道，越来越不看好于现代社会。这可能也是现在很多评论家深感郁闷的原因。

也有一些评论家心态平和，恳切地阐述着艺术所应该遵循的格局、规律、基调、品位，试图把艺术的庞大机体都推到自己所铺设的单轨铁道上。他们不知道，**艺术的道路只出现在艺术走过之后。走别人铺设的轨道的艺术家，不是真正的艺术家。**

二、我们今天能为艺术的未来所作的最好准备，是**多元催发**。

多元催发的最大阻力，是大一统的艺术思想。

大一统，可以是简陋的、原始性的，也可能是精雅的、理想化的。

简陋而原始的大一统，可借用我们见到过的例子来说明。深山老林里的老大爷，脑子里“袜子”的概念只有一种，以为天下的袜子都该如此。他突然来到了大城市的百货商店，一眼看到各种各样的袜子，心里就产生了对比的困惑、选择的烦恼。他抱怨那全是投机取巧、奸商炒作、花样翻新，甚至，断言那些自己没见过的袜子根本不能算是袜子。他怀念家乡的山区小店，那里只有一种袜子，进门叫一声“买袜子”，伸手就得。这种大一统思想与现代文明的抵牾是那样明显，可惜我们在文化领域还是屡见不鲜。在不少人眼里凡是自己没穿过、不能穿，或不喜欢穿的“袜子”都属汰除之列。

精雅而理想化的大一统形异而质同。集中现代制袜专家研制一种最标准、最舒适、最美观的袜子推广全国，其他袜子都属次等，一概取消，就是这种大一统。这种大一统有文明的外象，有选择的精确，有独裁的快感，因此极容易推广普及。当艺术文化还过多地被行政权力所执掌的时候，经济越发展，教育越提高，领导人越懂艺术，就越有可能导致这种精雅而理想的大一统的蔓延。

在我们艺术界，简陋的、原始性的大一统与精雅的、理想化的大一统同时并存，因此，多元催发就更其烦难了。

三、破除大一统，关键在于要**容纳“异端”**，鼓励艺术家有所执持，甚至有所偏激。每个艺术家，每个艺术团体，都应**以完全不同旁人的形态出现在艺术界，而不是永远在左顾右盼，不自信地寻求典范和规程。**

评论家们总在批判产生了“偏向”的作品，主张在中、外、新、旧关系上不偏不倚地把握度量。“既能……又能”，成了习惯性的赞颂句法。例如，写历史题材的作品，我们总是一再颁布“既

弗里德里希作品

能符合历史真实，又能体现时代精神的标准”。有的作品，明显地偏于历史纪实，或明显地偏于当代思考，都难免受到攻难。于是，长了，砍去一截；短了，拉伸几寸。无论砍还是拉，都使作品失去了生命。

因此，在面向未来的艺术家看来，什么样的内外度量都应允许存在。评论家所说的“既能”这样、“又能”那样的作品也可能产生，但多半不会是好作品。

据一种理想化的设计，在一个营养学医生家里，老人显得年轻，青年更其娇嫩，原来他们家吃饭根本没有菜肴，人们在餐桌上吞咽的只是一颗颗营养胶丸。一个记者看了这种设计之后说，这样过日子，如果答应我活到一百岁，我也不情愿！

无疑，这位医生所制的丸药是有益而高效的，但这毕竟不是美食，毕竟离逸了美的人生。

还是让我们的桌上出现种种丰富的菜肴吧。每个菜，营养都是片面的，整桌菜，营养也仍然可能是片面的，但比之于精确估算，这种“片面性”实在可爱。只有片面才有个性，只有片面才有多元。处处整齐划一的天地中没有“生态平衡”，因为那里固然不愁不平衡，却没有“生态”。

四、以各守片面的互补关系来代替各自完满的互斥关系。多元组合因互补而成，大一统则因互斥所致。

互补意向和宽容心态，是很多艺术家的珍贵内质。无意称霸争雄，有意争先称胜；深知艺术世界之大，自安一隅之踞，却又尽心尽力，发挥自我。

于是，再美的鸟鸣也不要独占林野，独占了就失去了春天；哪一种鸟鸣也不要被扑灭，扑灭了就少一分春色。

这里的豪情不表现为吞并，这里的谦逊不表现为退让。这里的热闹不表现为争吵，这里的和谐不表现为同调。

培根定义中所说的“人”无限，所说的“自然”也无限。

中国文论中所说的“人心”无限，“天心”也无限。

我们的艺术定义中的“人类生态”无限，“直觉形式”也无限。

那么——

艺术的创造无限。

新出图证（鄂）字 03 号
图书在版编目（CIP）数据

艺术创造学 / 余秋雨著. --武汉：长江文艺出版社，2013.8（2020.4重印）
ISBN 978-7-5354-6854-3

Ⅰ.①艺… Ⅱ.①余… Ⅲ.①艺术创作-艺术理论 Ⅳ.①J04

中国版本图书馆 CIP 数据核字 (2013) 第 155614 号

责任编辑：张莹莹　史义伟　　　　责任校对：李莹肖
封面设计：俗气照相馆　　　　　　责任印制：张　涛

出版：长江出版传媒｜长江文艺出版社
地址：武汉市雄楚大街 268 号　　　　邮编：430070
发行：长江文艺出版社
北京时代华语国际传媒股份有限公司　（电话：010-83670231）
http：//www.cjlap.com
印刷：唐山富达印务有限公司

开本：690 毫米 × 980 毫米　1/16　　　印张：15.25
版次：2013 年 8 月第 1 版　　　　　2020年 4 月第 6 次印刷
字数：150 千字

定价：48.00 元